Editorial
NUN

Hacia una crítica ética
de la historia de la filosofía
en México desde una
perspectiva de género

Hacia una crítica ética de la historia de la filosofía en México desde una perspectiva de género

Fanny del Río

Ficha bibliográfica

Río, Fanny del

*Hacia una crítica ética de la historia de la filosofía
en México desde una perspectiva de género*
1a. edición, 2022

ISBN: 978-607-99600-5-6

Editorial NUN/Colección Sapientia
Impreso en la Ciudad de México, febrero de 2022

Formato: 15 × 21 cm

90 pp.

Editorial NUN

Es una marca de la Editorial Notas Universitarias, S. A. de C. V.

Xocotla 17, Tlalpan Centro II, alcaldía Tlalpan,
C. P. 14000, Ciudad de México

www.editorialnun.com.mx

D. R. © 2022, Editorial Notas Universitarias, S. A. de C. V.
D. R. © 2022, Fanny del Río

El contenido de este libro es responsabilidad del autor

Comentarios sobre la edición a contacto@editorialnotasuniversitarias.com.mx

Versión impresa ISBN: 978-607-99600-5-6
Versión digital ISBN: 978-607-99600-4-9

Los textos aquí presentados fueron arbitrados (doble-ciego) y dictaminados por especialistas nacionales. Posteriormente fueron revisados, corregidos y modificados por los autores antes de llegar a su versión final.

Dirección editorial y diseño de portada: Miryam D. Meza Robles
Diagramación: Carlos A. Vela Turcott

Impreso en México

A mis hijos, Martín y Carlos

A G. H.

Resumen

La filosofía académica ha sido un asunto de hombres y son ellos quienes escriben las historias de la filosofía: la mujer está virtualmente ausente de ellas como autora, pero también como participante activa de la producción de hitos en el pensamiento filosófico. En este texto, estudio la subrepresentación de las mujeres bajo el marco teórico que ofrece el concepto de "injusticia epistémica" tal como lo ha desarrollado la filósofa analítica Miranda Fricker [2007]. Así, en el primer capítulo analizo los antecedentes del concepto de injusticia epistémica en una discusión sobre responsabilidad moral e historia entre la misma Miranda Fricker, Michelle Moody-Adams y Cheshire Calhoun, y en el segundo capítulo llevaré el modelo al caso específico de México, con el objetivo de analizar diecisiete historias de la filosofía publicadas entre 1943 y 2018 y documentar la subrepresentación a que han sido sometidas las filósofas en el país. Termino el estudio con un apartado de sugerencias para el cambio, a fin de contribuir a la reparación de una visión distorsionada de nuestra historia de la filosofía que ha causado un daño epistémico no sólo a las mujeres sino, como lo mostraré aquí, a la comunidad filosófica mexicana en su conjunto.

Índice

Prólogo

¿Por qué hacer una crítica ética de la historia de la filosofía en México desde la perspectiva de género?

Desde tiempos antiguos se ha excluido de la historia filosófica de México a las mujeres, así como a miembros de minorías cuyas voces no han sido reconocidas. Esto es algo que las nuevas generaciones deberán tomar en cuenta, pues, hasta ahora, y pese a los esfuerzos de académicos como Miguel León Portilla o Carlos Lenkersdorf, básicamente se ha ignorado los aportes, por ejemplo, de los pueblos indígenas de nuestro país, como los de la población afro-mexicana, los de otras formas de la filosofía no-académica, y los de otras identidades sexuales. Aun cuando en la presente investigación me centro solamente en lo que atañe a las mujeres, es claro que no considero que ellas sean las únicas a las que las historias de la filosofía en México han sometido a esa clase de invisibilidad y/o silenciamiento arbitrario que la filósofa Miranda Fricker llamó *injusticia epistémica* (2007),[1] pero probar que en la filosofía se ha cometido esa injusticia contra las mujeres valida, por extensión, la importancia de hacer una crítica ética de la historia de la filosofía también respecto al resto de los grupos subrepresentados.

Al día de hoy, echar un vistazo a los planes de estudio universitarios y a las historias de la filosofía en México (de los que éstos se alimentan)

---

[1] La versión en español de Editorial Herder, intitulada *Injusticia epistémica*, se publicó en 2017, pero el libro original en inglés, *Epistemic Injustice: Power and the Ethics of Knowledge*, data de 2007.

conduce a la siguiente conclusión *equivocada* –la filosofía es una disciplina de hombres– pero casi inevitable, porque en las principales universidades que imparten la carrera apenas hay algún curso ocasional sobre filósofas[2] y no se estudia en ella sus obras de manera sistemática. Por ejemplo, en la Universidad Nacional Autónoma de México, la máxima casa de estudios del país, hay seminarios ocasionales (optativos) sobre algunas filósofas como María Zambrano o Hannah Arendt,[3] apenas más. Y, como mostraré aquí, las menciones de mujeres en las historias de la filosofía son esporádicas y mayoritariamente desinformadas. No es de sorprender que son hombres, en su abrumadora mayoría, quienes han escrito esas historias de la filosofía. En la parte final haré una sugerencia relativa al punto en cuestión.

Como bien advierte la filósofa española Concha Roldán, en filosofía (como en ciencia), el mensaje es claro: las mujeres son la excepción, no la regla.[4] Eso significa que ni la filosofía (ni la ciencia) es lugar para ellas. Y como no es lugar para ellas, su contribución apenas merece una mención de 'cortesía' en los libros de historia de la filosofía, que son los mismos que después utilizará el cuerpo docente dentro del aula pedagógica donde se formará a las siguientes generaciones en filosofía y en historia de la filosofía, las que enseñarán y escribirán nuevas historias de filosofía basadas en las anteriores, replicando las ausencias. Se cumple, así, el ciclo del silenciamiento. No hago esta afirmación a la ligera: me baso en datos obtenidos del estudio de diecisiete obras historiográficas dedicadas al análisis de la filosofía en México publicadas entre 1943 y 2018.[5] El siguiente es un ejemplo claro: once

---

[2]   Esta afirmación se sostiene con base en la información oficial disponible al año de 2018 sobre la licenciatura en filosofía de los sitios web de las siguientes universidades: Universidad Nacional Autónoma de México, Universidad Iberoamericana, Universidad del Claustro de Sor Juana, Universidad de Monterrey, Universidad La Salle y Universidad Panamericana.

[3]   Aunque en 2020, el rector Jorge Graue anunció la implementación de un posgrado específico sobre estudios de género en la Facultad de Filosofía y Letras de la UNAM.

[4]   Ver Concha Roldán: "Una '(in)cultura única' de invisibilización de mujeres en la Ciencia y la Filosofía", Revista *RIECS* Vol. 3, No. 2, 2018 Noviembre. Dice Roldán: "... las mujeres científicas o filósofas fueron toleradas, e incluso admiradas, por sus coetáneos como excepciones (que no engendraban peligro si no constituían norma), cuando no calificadas de "milagro de la naturaleza" o de "espíritus masculinos en cuerpos femeninos (...) cuyos desvaríos no habían de tenerse muy en cuenta."

[5]   Ver el listado cronológico de obras examinadas en el Capítulo II.

de las diecisiete[6] obras no incluyen en su índice ni una sola filósofa, mientras que en las seis restantes la ratio hombre/mujer refleja una importante desigualdad numérica: 37/2, 62/9, 59/8, 20/2, 31/9, 16/1.[7] Estas historias de la filosofía han privado a las filósofas de voz, de presencia y de identidad epistémica, esto es, de aquello que Miranda Fricker identifica como la "humanidad misma" de la persona.

El fenómeno constituye una injusticia epistémica, y bajo ese marco teórico es que habré de realizar esta *crítica ética* de la historia de la filosofía en México desde el punto de vista de género.

Probaré que la subrepresentación de mujeres en las historias de la filosofía en México *no* constituye un reflejo objetivo de la realidad – es decir, no se trata de un *hecho histórico* –, sino que es el resultado de un sesgo, de un prejuicio de género. Argumentaré que el sesgo no es una consecuencia histórica del bajo número de mujeres en filosofía, sino que el bajo número de mujeres en filosofía es una consecuencia del sesgo: en otras palabras, el bajo número de mujeres en filosofía no es una *consecuencia* del sesgo, sino que lo *presupone*.

No está de más aclarar algunos de los criterios con los que, luego de revisar varias historias de la filosofía, armé la lista de diecisiete libros que incluyo en este estudio. Primero que nada, acudí a diferentes fuentes bibliográficas, pero una que me resultó de gran utilidad fue la *Relación Bibliográfica de Historias de la Filosofía en México. Obras impresas durante el Siglo xx y principios del xxi*, del Prof. Juan Guillermo González Rivera (2016).[8] Ahora bien, el listado del Prof. González Rivera contiene 96 obras –con algunas ausencias

---

[6] Se incluye aquí *En torno a la filosofía mexicana* de J. Gaos (1952), *Estudios de historia de la filosofía en México* de De la Cueva (*et al.*) (1963) y *Cien años de filosofía en Hispanoamérica* (1910-2010), aun cuando no contienen un índice formal, pero sí una lista de contenidos.

[7] Se trata de *Suma filosófica mexicana*, de A. Ibargüengoitia (1995), *Filosofía mexicana del Siglo xx*, de A. Ibargüengoitia (2000), *Historia de la filosofía en México*, de J. M. Villalpando (2002), *El pensamiento filosófico latinoamericano, del Caribe y "latino" [1300-2000]*, de E. Dussel (*et al.*) (2009), *La filosofía en México en el siglo xx. Apuntes de un participante*, de C. Pereda (2013) y *La filosofía en México en el Siglo xx*, de G. Leyva (2018).

[8] Versión electrónica, publicada por el Centro de Estudios de Filosofía Mexicana el 9 de enero de 2016 https://filosofiamexicana.org/2016/01/09/relacion-bibliografica-de-historias-de-la-filosofia-en-mexico/.

llamativas[9]–, pero una mayoría de ellas se ocupa de tiempos históricos que no resultan pertinentes a mi investigación (ceñida, como detallaré más adelante, al México de los siglos xx y xxi) y/o contempla temas como humanismo, cultura o pensamiento en términos generales, que caen fuera del propósito de este estudio. De cualquier manera, el gran esfuerzo del Prof. González Rivera por compendiar en una lista la historiografía filosófica de México debe aplaudirse por su gran utilidad. Debo agregar que consideré oportuno incluir historias de la filosofía que tuvieron más de una edición, entendiendo que esto quizá sería indicio de que fueron utilizadas como libro de texto, lectura obligada y, por tanto, formadora de opinión.

No me fue posible indagar en los propios criterios de selección de los/as autores/as de estas historias de la filosofía por la sencilla razón de que rara vez los hacen explícitos; en vez de ello, abandonan a sus lectores/as a su suerte y al aprieto de deliberar, a ciegas, sobre por qué incluyeron estos/as autores/as y no otros/as: ¿acaso hubo alguna valoración académica, siguieron la tradición o se dejaron guiar por sus simpatías personales?

La ausencia de un marco teórico explícito es un obstáculo metodológico para poder explicar, más allá de las especulaciones, por qué en el índice de once de estas diecisiete historias de la filosofía no figura una sola mujer, por qué a menudo tampoco se las menciona en el contenido o por qué incluso en aquellas en las que sí hay algunas filósofas, frente al número de colegas hombres en las listas la relación es tan desproporcionada. ¿Es que entre 1943 y 2018 no hubo filósofas con méritos académicos suficientes como para ser incluidas en las historias de la filosofía?

En términos filosóficos, deliberar sobre las intenciones no expresadas de un/a autor/a no tiene demasiado sentido: ¿cómo asegurar que se puede conocer lo que quisieron hacer? Por eso, mi propuesta es llevar a cabo un análisis de las obras desde una perspectiva de género, esto es, someterlas a criterios

---

[9] Apunto, aquí, cinco que no enlista González pero que yo sí tomé en cuenta para este estudio: *En torno a la filosofía mexicana,* de J. Gaos; *Filosofía mexicana de nuestros días,* de J. Gaos; *El pensamiento filosófico latinoamericano, del Caribe y "latino" [1300 – 2000],* de Enrique Dussel (*et al.*); *Cien años de filosofía en Hispanoamérica (1910-2010),* de M. Valdés (comp.); y *La filosofía en México en el siglo xx,* de G. Leyva, aunque debe aclararse que es lógico que estas dos últimas no hayan sido incluidas, puesto que fueron publicadas después la obra de González.

que ayuden a determinar si hay sesgo en dichas obras, lo que, eventualmente, haría posible determinar si sus autores/as pueden ser llamados/as a responder por las obras que escribieron o compilaron.

Sin embargo, aclaro que mi objetivo principal no consiste en deliberar en torno al espinoso –como he de mostrar en el capítulo primero de este estudio– asunto de la responsabilidad, sino seguir la huella de la injusticia epistémica cometida contra las mujeres filósofas en las diecisiete historias de la filosofía en México aquí sometidas a análisis. Sostendré que la confirmación de que en dichas obras en efecto se cometió una injusticia epistémica contra las filósofas ha de persuadir a sus lectores/as de dos cosas: la primera es la conveniencia de poner en serio cuestionamiento la validez ética y epistémica –y, desde luego, *histórica* – de esos libros; la segunda, y acaso más importante aún, es que resulta imperativo emprender una labor de conjunto, en tanto comunidad filosófica, en una dirección que permita hacer una reparación de daños y sentar las bases para una rectificación prospectiva de lo que ha sido una visión distorsionada de nuestra historia del pensamiento y las ideas, que no sólo empobrece nuestra autoconciencia histórica sino que no muestra, con objetividad y justicia, el papel que han desempeñado las mujeres en la filosofía en México. Dicho en otros términos, propongo que dejemos de considerar esas obras como reflejo de una realidad histórica e invito a historiadores/as, investigadores/as, instituciones educativas, docentes y alumnado a trabajar en historias de la filosofía incluyentes e inclusivas que verdaderamente nos hablen de la aportación de las mujeres y los hombres a la historia del pensamiento en México.

Puesto que me valdré para este examen del concepto de injusticia epistémica, en el Capítulo 1 rastrearé el origen del mismo mediante el análisis de una discusión entre la propia Fricker y las filósofas Michelle Moody-Adams y Cheshire Calhoun, debate que además arroja una interesante luz sobre algunas de las complejidades inherentes, precisamente, al tema de la responsabilidad moral.

Después de eso, haré una exposición más detenida del concepto de 'injusticia epistémica', para luego ampliar el modelo al caso específico de México, lo que llevaré a cabo en el Capítulo 2. El Capítulo 3, parte final de esta investigación, consiste en presentar conclusiones y en formular algunas sugerencias prácticas para revertir el silenciamiento al que la historia de la filosofía en México ha sometido a las filósofas. He tenido especial cuidado en ver que estas sugerencias sean aplicables de manera personal e inmediata tanto para quienes tienen a su cargo la formación de alumnado como para quienes estudian filosofía académica. Sé muy bien que la respuesta institucional resulta invaluable para consolidar los cambios, pero mientras ésta llega, podemos apurar el avance del progreso moral, como individuos y como filósofos/as, hacia una mayor equidad.

Capítulo 1

Algunas dificultades para establecer responsabilidad moral

Examinaré ahora las propuestas de tres filósofas contemporáneas a través de un ejercicio comparativo de sus posturas, lo que permite obtener una visión panorámica del debate en torno a la posibilidad de establecer responsabilidad moral. Por ejemplo, en la Sección 4.2 "Historia, culpa y decepción moral" del ya citado libro *Injusticia epistémica* [*IE*] y en su artículo "La relatividad de la culpa y la relatividad de la distancia en Williams" o TROB, como se conoce por su título original en inglés [*"The Relativism of Blame and William's Relativism of Distance"*] (Fricker *et al.*, 2010), Miranda Fricker defiende una postura que no elimina la responsabilidad moral de un/a agente, pero sí lo/a exime de culpa moral, y ofrece una cierta forma de llamar a un/a agente a cuentas mediante la introducción del concepto de 'decepción'. Cheshire Calhoun, en cambio, en su artículo "Responsabilidad y reproche" [*"Responsibility and Reproach"*, 1989] argumenta que no es posible adjudicar responsabilidad moral a un/a agente en presencia de lo que denomina "opresión", especialmente cuando esa forma de opresión se da en el contexto social. Por último, Michelle M. Moody-Adams sostiene en su artículo "Cultura, responsabilidad e ignorancia afectada" [*"Culture, Responsibility and Affected Ignorance"*, 1994] que un/a agente siempre es responsable moral de sus acciones.[1]

---

[1] Cabe aclarar que las traducciones al español de estos tres ensayos, aún no disponibles, son de mi autoría. En el caso de *Injusticia epistémica*, como ya señalé antes, utilizo la versión en español de Editorial Herder (2017).

De las tres, solamente esta última rechaza enteramente la noción de que la ignorancia proporciona una excusa al mal moral.

Tras examinar las tres posturas, presentaré una tabla de convergencias y divergencias entre las autoras con el fin de hacer un resumen más puntual de las dificultades para establecer la responsabilidad moral.

Historia, culpa, decepción moral y la relatividad de la culpa (Miranda Fricker, 2010)

En este ensayo Fricker examina la relación de responsabilidad moral y culpa con la historia anteponiendo la 'relatividad de la culpa' a la 'relatividad de la distancia' de Bernard Williams (Fricker, 2010:151). Williams sostenía que resulta inapropiado juzgar a personas de culturas distantes de nuestra propia cultura en el tiempo con base en la premisa de que sus valores morales o éticos serían necesariamente distintos de los nuestros: al no pertenecer al mismo tiempo histórico, es imposible que pudiéramos verdaderamente comprender, y por tanto juzgar, sus valores morales.[2] Llevando este argumento más lejos, en su libro *Injusticia epistémica*,[3] Fricker sostiene que incluso resulta improcedente culpar a personas de culturas *cercanas* a nosotros históricamente hablando, ya que éstas tendrán una conducta que "es producto del pensamiento ético [...] rutinario en su cultura ética" (Fricker 2017:177). Lo ético se define con base en el contexto social e histórico-cultural – o *"estructural"* (2010:152) como también lo llama Fricker – en el que incluso el destino o la suerte juegan un papel, puesto que el contexto en el que vivimos y el tipo de persona que somos son producto de la "mala suerte epistémica y moral" (2017:170). Pero si, como diría James, juzgar 'resulta inapropiado', ¿de qué manera entonces podemos determinar la responsabilidad moral de un/a agente?

Como ilustraré más adelante, la línea de pensamiento que rechaza la posibilidad de asignar responsabilidad a un/a agente eventualmente desemboca en un 'callejón sin salida moral'. Fricker ofrece una alternativa: si bien

---

[2] Williams, B. "Interlude: Relativism" en *Morality: an Introduction to Ethics.* University Press Cambridge, Gran Bretaña, 1972, pp. 20-25.

[3] Ya citado antes.

no debemos juzgar, en cambio tenemos la posibilidad de experimentar algo que denomina *'decepción moral'*. Antes de detenernos en lo que Fricker quiere decir con esto, veamos aquello que, de acuerdo con la filósofa, exime a un/a agente de responsabilidad moral: el contexto.

Herbert Greenleaf, personaje del guión cinematográfico escrito por Anthony Minghella *El talento del Sr. Ripley* (basado en la novela homónima de Patricia Highsmith), es el padre del joven Dickie, quien se encuentra desaparecido. La prometida de Dickie, Marge, le confía a Greenleaf sus sospechas de que el responsable de la desaparición de Dickie es un siniestro amigo del muchacho, otro joven llamado Tom Ripley, que ha adulado a Greenleaf, sin que la muchacha lo sepa, para ganarse su confianza. Marge no tiene prueba fehaciente de que Tom haya asesinado a Dickie, pero cuenta con la certeza intuitiva de que así ha sucedido y se lo dice a Greenleaf. Luego de escuchar a la muchacha, Greenleaf responde: "Marge, existe la intuición femenina, y luego están los hechos".

Al silenciar así a Marge, Greenleaf hace uso de un ejercicio de poder *identitario de género* (2017:29), esto es, utiliza su identidad como hombre para influir en las acciones de Marge como mujer y de paso defiende una premisa discriminatoria: la intuición femenina es opuesta a los hechos. Incluso si ese ejercicio de poder es no deliberado, no por eso deja de ser un ejercicio de poder. Escribe Fricker:

> Quizá Greenleaf no sea consciente de que está utilizando el género para silenciar a Marge y lo que hace tal vez sea bienintencionado y paternalmente benévolo. Pero no deja de ser un ejercicio de poder identitario. (2017:37-38)

El poder que Greenleaf tiene sobre Marge para conseguir lo que quiere —silenciarla— invoca "una concepción colectiva de la femenidad [sic] entendida como algo insuficientemente racional porque es en exceso intuitiva" (2017:38). En este caso, puesto que Greenleaf obtuvo lo que quería, estamos en presencia de un poder identitario activo, pero también puede ser pasivo en un contexto social determinado, en el que se espera que la población femenina acepte que nunca debe elevar su palabra contra la de un hombre, Greenleaf podría ejercer su poder sobre una mujer "limitándose a ser hombre" (2017:38).

Sea en su forma activa o pasiva, el poder identitario de género opera en conjunción con otras formas de poder social y, de hecho, a menudo adopta una "forma netamente estructural" (2017:40), lo que es importante para Fricker porque esto es parte intrínseca del 'mecanismo del intercambio testimonial' que se lleva a cabo entre los dos agentes –quien oye y quien habla– que forman los eslabones de la cadena de injusticia epistémica común en el mundo. El intercambio entre ambos forma el diálogo testimonial que estructura el tejido social en el que actuamos, por eso la tarea que Fricker se propone es explorar la disfunción doble –pues es epistémica y ética– que se produce cuando los prejuicios intervienen en el diálogo. Fricker señala que desde el punto de vista ético y social, este quizás sea el momento más significativo del impacto que el poder identitario tiene sobre nuestras relaciones discursivas y epistémicas, el cual bosqueja un retrato de la injusticia característica que comporta y que no es otra que la *injusticia testimonial* (2017:41). Veamos ahora a qué se refiere Fricker con esto.

Greenleaf es un ejemplo claro de las consecuencias desastrosas que el poder identitario tiene tanto para hablante como para oyente: Se nulifica a Marge su testimonio mediante una injusticia epistémica, pero Greenleaf pierde la oportunidad de obtener una información esencial sobre lo que ha ocurrido a su hijo, Dickie.

Así, Greenleaf es un caso paradigmático de la 'mala suerte epistémica y moral' que se caracteriza por asignar a un/a agente determinadas condiciones históricas (o circunstanciales) y constitutivas (o psicológicas), que son precisamente las que, de acuerdo a Fricker, lo/la exoneran de responsabilidad por sus acciones (2017:41). Así, por una parte la contingencia *histórica* –el contexto– de Greenleaf provoca en él la "ausencia de conciencia crítica sobre los prejuicios de género" (2017:168) que experimenta respecto a Marge, o, en otras palabras, los conceptos críticos que hubiera requerido para neutralizar su prejuicio de género hacia la muchacha no estaban disponibles históricamente para él. Ya que los "instintos éticos y epistémicos"

(2017:168) de Greenleaf se formaron en una sociedad en la que el prejuicio de género era normal, entonces no es posible culparlo del agravio testimonial al que somete a Marge: literalmente, no le resulta posible comportarse de otra forma. Se trata, entonces, de un caso de injusticia testimonial *no culpable* (2017:168). Lo mismo puede decirse de la contingencia *psicológica* de Greenleaf, que en este caso obedece a dos tipos de condiciones: externas e internas. En el primer caso, el contexto histórico de Greenleaf es tal que le impide acceder a las razones que le hubieran hecho posible dudar de su desconfianza hacia Marge, aun cuando hubiera deseado hacerlo. En el segundo caso, el condicionamiento interno de Greenleaf afecta tanto lo que *hace* (desestimar el testimonio de Marge) como lo que *es*, qua un hombre de su tiempo histórico al que no le resulta posible *apropiarse* de los motivos de Marge para recelar de Ripley, los que adjudica a una irracional 'intuición femenina'.

La "ignorancia moral epistémica no culpable"[4] (2010:152) de Greenleaf es un desafortunado, mas involuntario, resultado de la *mala suerte,* que de hecho es 'mala' de igual manera para Marge, pues tiene consecuencias devastadoras también sobre ella. La forma en que los afecta a ambos es diferente, claro: Greenleaf se perderá de una información sobre su hijo, pero –aun cuando esto es ciertamente trágico– no sufre, como la muchacha, una merma en su condición esencial en tanto sujeto epistémico. Al señalar que Greenleaf trata a Marge "como una mujer histérica que no es capaz de soportar la verdad, alguien que merece protección y compasión, pero no confianza epistémica" (2017:172), Fricker agrega que Greenleaf "es culpable de hacer algo muy malo a alguien que le importa" (2017:172).

Cuando Greenleaf desestima la acusación de Marge respecto a Tom como no racional –y acá puede encontrarse ecos de toda vez que una mujer ha denunciado ser víctima de acoso u otras formas de violencia sin que se le crea– hay algo más que se daña:

---

4   En inglés: *"epistemically non-culpable moral ignorance".*

Si nuestra racionalidad es una parte esencial de nuestra humanidad, entonces Greenleaf socava cortésmente a Marge en su humanidad misma. (2017:172)

¿Pero cómo salva Fricker la tensión que surge cuando habla de la ignorancia moral *no culpable* de Greenleaf y al mismo tiempo señala que es *culpable* "de hacer algo muy malo" a Marge? Ahí es precisamente donde introduce el concepto de la 'relatividad del culpar',[5] que le permite señalar a Greenleaf como *culpable* del daño epistémico [que causa a Marge] aun cuando no es *reprochable* por el mismo. El acto de culpar, en este caso a Greenleaf, es relativo ya que "no se puede culpar a nadie por no lograr hacer algo si no está en condiciones de acceder a la razón para hacerlo" (2017:169).

El contexto histórico es lo que exculpa a Greenleaf. La historia –dice Fricker– "sitúa la culpa lejos de los tribunales" (2017:173).

No se trata entonces de librar de responsabilidad a un/a agente que ha cometido una falta como si la falta no hubiera sido cometida, sino de que, reconociendo que hubo una falta y un/a responsable de cometerla, comprendamos que la culpa al cometer la falta no puede recaer sin más en quien la cometió, pues la persona en cuestión carecía de posibilidades –contextuales, históricas– de reconocer la falta como tal:

La culpa es inapropiada si la omisión o la acción relevante se debe a una *inhabilidad estructural* para formular el pensamiento moral necesario.[6] (2010:167, énfasis añadido)

Antes de ver lo que significa *inhabilidad estructural*, es importante tomar en cuenta que el concepto de relatividad del culpar es lo que permite a Fricker defender la postura de que, aun cuando es posible encontrar a Greenleaf culpable, no es apropiado reprochárselo en razón de "su predicamento

---

histórico" (2017:101). Sin embargo, al utilizar el argumento del contexto histórico y oponerlo al hecho de que Greenleaf ha cometido "algo muy malo" contra Marge, Fricker vuelve a hallarse con el problema del callejón sin salida moral (2017:176) que mencioné líneas atrás. Desde luego, Fricker reconoce esta dificultad, que examina en el siguiente párrafo:

> En la literatura meta-ética vemos manifestarse una y otra vez una tensión fundamental en diferentes sentidos, y desde posiciones enfrentadas del debate, entre la apelación universalista de la psicología y el lenguaje moral y el hecho evidente de la contingencia cultural e histórica. (2017:176)

La pregunta es si Greenleaf puede ser hallado culpable o no de la acción de nulificar a Marge como sujeto válido de conocimiento o información únicamente en base al criterio de género: Fricker misma ha respondido en sentido afirmativo y negativo, como hemos visto antes. Es decir, su argumento se encuentra en ese callejón sin salida al que conduce la tensión entre ambas respuestas. Para poder superarlo, lo que Fricker propone es que adoptemos algo que llama el *"resentimiento de la decepción"* (2017:173), que descansa en la siguiente tesis: en todo tiempo histórico de una cultura hay lo que se puede considerar un comportamiento moral "rutinario" (como el de Greenleaf al poner en duda la validez del testimonio de Marge con base en un prejuicio de género), pero también existe un comportamiento moral "excepcional". El comportamiento moral rutinario explica que las personas actúen en conformidad con los criterios éticos/ históricos de su contexto; pero hay casos en que algunas personas se comportan críticamente frente a lo rutinario: esto es, actúan de manera excepcional. Esta posibilidad permite –y de hecho explica– la realidad del progreso moral, no sólo del agente individual, sino de la comunidad. ¿Cómo, si no, podría darse el progreso, el avance moral de una sociedad?[7]

Puesto que hay agentes que muestran un comportamiento moral *excepcional*, es decir, existe la posibilidad de que haya quienes no se conforman

---

[7] Dice Fricker: "Pues, de lo contrario, ¿de qué otro modo, sino a través de las medidas discursivas moralmente excepcionales de una minoría, es capaz una comunidad de acabar viendo algo desde otra perspectiva de manera rutinaria?" (2017:178).

al canon moral de rutina de su contexto histórico, esto nos permite sentir una 'decepción' de que en cambio otros agentes actúen en consonancia con lo que es rutinario –o lo que es lo mismo, de acuerdo a su contexto– en vez de ir más allá, por ejemplo, tomando la decisión de utilizar "sus propios recursos morales" (2017:176). La decepción se puede expresar con la siguiente frase: "pudo haberlo hecho mejor" (2017:176).

De acuerdo a Fricker, la decepción es la respuesta moral que sí resulta 'apropiada' a la responsabilidad de un/a agente, incluso en circunstancias de distancia cultural e histórica:

> Cuando culpar es inapropiado, entonces, porque el agente actuó conforme al pensamiento moral rutinario de su tiempo, aún así puede ser apropiada la decepción.[8]

La decepción es una forma de "juicio moral crítico"[9] que permite "honrar la trayectoria universalista de la psicología moral y el lenguaje, sin violentar la contingencia histórica" (2017:107) de un/a agente. Esta ruta deja abierto el camino para aspirar a alcanzar, eventualmente, la virtud de la justicia testimonial, que constituye, de acuerdo con Fricker, una necesidad epistémica ahistórica, presente en toda sociedad humana:

> [...] he caracterizado la virtud cuya necesidad crea el fenómeno de la injusticia testimonial: la virtud de la justicia testimonial, y he explorado la contingencia histórica de sus condiciones de posesión. La imagen que hemos obtenido es la de una virtud que, en un determinado momento de la historia, podría no estar disponible para algunos prejuicios. No obstante, una vez clarificado que la virtud está históricamente situada, ubiquémosla ahora en un entorno de máxima ahistoricidad: el escenario del Estado de Naturaleza. Hacerlo revelará en qué medida la virtud de la justicia

---

[8] En inglés: *"When blame is inappropriate, then, because the agent was acting according to the routine moral thinking of the time, still disappointment may yet be appropriate"* (2010:174).

[9] En inglés: *"a form of critical moral judgement"* (2010:173).

testimonial es una virtud epistémica fundamental, esto es: una virtud epistémica que sirve a un propósito que trasciende el momento histórico por cuanto nace de una necesidad epistémica presente en toda sociedad humana. (2017:179)

Responsabilidad y reproche (Calhoun 1989)

Cheshire Calhoun también encuentra que existe una dificultad de determinar la responsabilidad moral de un/a agente si su comportamiento incorrecto [*"wrongdoing"*] es consecuencia de una forma de "opresión social". Cuando ese es el caso, debemos aceptar que el proceso de asignar responsabilidades no es transparente y por tanto nuestros juicios tampoco lo serán:

> Cuando el comportamiento incorrecto toma la forma de opresión social, la relación entre los individuos y sus acciones cambia en maneras que hacen inciertos nuestros juicios sobre la responsabilidad moral y, con ellos, nuestros juicios sobre la culpabilidad de los individuos y nuestro derecho a reprocharles algo.[10] (Calhoun 1989:389)

Es particularmente difícil establecer responsabilidad moral cuando la opresión es una forma de práctica social, lo cual, dice Calhoun, ha contribuido a la "confusión categorial" [*category confusion*] típica, por ejemplo, del feminismo (*ibid*). La cuestión se complica más al tomar en cuenta "el peso de los determinantes sociales que producen ignorancia moral contra la capacidad de un individuo de incurrir en razonamiento moral"[11] (*ibid*): si la opresión es una "práctica social", ¿cómo medir la responsabilidad moral individual? (391)·

Para dar respuesta a esta interrogante, Calhoun, como Fricker, explora la diferencia entre dos formas de comportamiento moral: los "casos ordinarios

---

[10] En inglés: *"When wrongdoing takes the form of social oppression, the relationship between individuals and their actions shifts in ways that render uncertain our judgments about moral responsibility and, with those, our judgments about the blameworthiness of individuals and our entitlement to reproach them".*

[11] En inglés: *"how to weigh the social determinants producing moral ignorance against the individual's competence to engage in moral reasoning?"*

de comportamiento incorrecto" y los casos de "opresión" (389) que ocurren en general como una "práctica social" cuya aceptación social impide que el individuo sea consciente de que es incorrecta. Esta exploración le servirá a Calhoun para explicar por qué la cuestión de la responsabilidad moral en el caso de opresión es tan difícil de establecer. Así, defenderá tres propuestas (todas en Calhoun 1989:390):

1) La diferencia principal entre ambas formas de comportamiento radica en "la normalidad versus la anormalidad del contexto en el que se produce el comportamiento incorrecto";

2) El comportamiento opresivo no procede necesariamente de un defecto moral culpable [*"morally culpable flaw"*];

3) En contextos de 'anormalidad moral', nuestro "derecho a usar el reproche moral es independiente de si los individuos son culpables o no".

Para Calhoun, no hay respuestas fáciles en cuanto a "culpar o excusar a los individuos" (391). Un ejemplo en este sentido es el del sesgo de género en el área científica: ¿cómo podríamos culpar a los científicos por seguir la práctica [para ellos] "normal" de no involucrarse en reflexiones de índole moral? Si bien es cierto que esa práctica perjudica a las mujeres, también lo es que "causar un daño" no equivale a "ser responsable del daño" [*"Causing harm (...) is not the same as being responsible for harm"*] (392) y, en este caso en particular, si los científicos fueron condicionados a actuar así, eso les proporciona la excusa por su conducta. Dice Calhoun: "la evidencia de que hubo un fuerte condicionamiento exculpa" [*"evidence of strong conditioning excuses"*] (392). Sin embargo, exonerar a los individuos de toda culpa por un mal comportamiento "parece igualmente incorrecto" [*"seems equally wrong"*] (392).

Si culpar 'parece incorrecto', pero también lo parece exonerar a los agentes individuales por no haber girado hacia un patrón social más correcto, entonces nos hallamos ante otro 'callejón sin salida', similar al que llega el argumento de Fricker. La solución, de acuerdo a Calhoun, se encuentra en analizar la oposición entre "contexto normal" y "contexto anormal". En un contexto normal, los criterios de corrección e incorrección moral son "transparentes" (394), los agentes se autolegislan [*"self-legislators"*] (395) y, por lo mismo, las reglas morales (y su cumplimiento) tienen sentido y la ignorancia moral rara vez funciona como excusa (396), incluso aceptando que los poderes de autocrítica moral [*"the powers of moral self-critique"*] (399) tienen límites. En cambio en un contexto anormal, la ignorancia moral "es la norma", la distinción entre correcto e incorrecto es "opaca" [*"opaque"*] (399), el conocimiento moral no es compartido por todos y se desvanece la confianza en que todo agente es capaz de autolegislarse. En ignorancia no hay culpa. Cuando las herramientas morales no están disponibles socialmente para que los agentes evalúen sus prácticas, "su ignorancia moral es no culpable" [*"their moral ignorance is not culpable"*] (400).

Ahora bien, que un agente sea "no culpable" [*"not blameworthy"*] no impide que sea sujeto de "reproche moral" [*"moral reproach"*]: sus "prácticas sociales" pueden ser "aceptadas pero inaceptables" al mismo tiempo [*"accepted but unacceptable social practices"*] (400). Sin embargo, puesto que nuestro interés en la responsabilidad moral no es solamente *intelectual*, sino también *práctico* [es decir, nos indica qué hacer], esto significa que una cosa es *juzgar* correctamente la responsabilidad moral y otra cómo debemos *responder* al comportamiento incorrecto. En un contexto moral anormal, tenemos derecho a expresar nuestro reproche, incluso independientemente de si los individuos son responsables o no de sus acciones (400).[12] De igual forma, en un contexto normal debemos al menos denunciar públicamente el comportamiento incorrecto cuando ocurre, ya que no hacerlo le otorgaría una "legitimidad implícita" [*"implicit legitimacy"*] (401). El reproche moral para Calhoun – como para Fricker el "resentimiento de la decepción" – cumple una función moral: "nos recuerda o acaso nos enseña qué acciones son moralmente inaceptables [...] nos motiva a cambiar nuestra conducta [y] confirma nuestra identidad como agentes morales"[13] (405).

Sin embargo, una diferencia importante entre Calhoun y Fricker es que para Calhoun, el asunto de la responsabilidad moral es una disyuntiva: *"o*

---

12 En inglés: *"our entitlement to respond with moral reproach is independent of the blameworthiness of individuals".*

13 En inglés: *"[it] reminds us or perhaps teaches us what actions are morally unacceptable (...) [it] motivates us to change the way we act [and] [it] confirm[s] our identities as moral agents"*

podemos dar a la capacidad autolegislativa del individuo la competencia de elevarse por encima del condicionamiento social mediante el reproche por su falla *o* podemos exculpar, evitando el reproche, a quienes merecen ser exculpados; *pero no podemos hacer ambas cosas*"[14] (404, énfasis añadido), mientras que Fricker plantea una conjunción, usando el concepto de "decepción" para conciliar ambas posibilidades: *al mismo tiempo* que eximimos al individuo de culpa por no usar su capacidad autolegislativa para ir "más allá" de su condicionamiento social, le reprochamos por no hacerlo mediante la decepción. La decepción que legítimamente sentimos por ese no ir más allá funciona, así, como un puente entre las disyuntivas en Calhoun.

Dice Fricker:

> [...] queremos quejarnos de que [Greenleaf] podría haber actuado mejor, según lo cual esto da cuenta no solo de una decepción epistémica, sino también ética. Podríamos perfectamente tener la sensación de que entonces hay un determinado *resentimiento de la decepción* (una actitud estrechamente relacionada con el resentimiento de la culpa, pero que no llega a serlo). El resentimiento de la decepción continúa centrado en el individuo, pero en el individuo concebido como un ser históricamente situado. (2017:173-174, énfasis de la autora)

Cultura, responsabilidad e ignorancia afectada (Moody-Adams, 1994)

Igual que Fricker y que Calhoun, Michelle M. Moody-Adams también sostiene que hay una "conexión crucial entre cultura y agencia" (Moody-Adams 1994:291). De hecho, la cultura se sostiene como un "legado social [...] sólo cuando los seres humanos eligen, ya sea crítica o acríticamente, proteger y

---

[14] En inglés: *"either we can convey individual's self-legislative capacity to rise above social conditioning by reproaching failures to do so, or we can excuse, by withholding reproach, those who deserve to be excused; but not both".*

perpetuar dicho legado"[15] (293). Esta perspectiva la lleva a rechazar la "tesis de la inhabilidad" (*ibid*), según la cual crecer en una determinada cultura puede impedir que una persona comprenda que algunas de sus acciones son incorrectas. Dice al respecto:

> Una de las nociones filosóficas de mayor influencia acerca de los impedimentos culturales involucra la afirmación de que a veces crecer en una cultura simplemente lo vuelve a uno incapaz de saber que ciertas acciones son incorrectas.[16] (293)

El problema con esta noción es, de acuerdo a Moody-Adams, que la cultura no es por sí misma una agente, con reglas independientes de los individuos que la componen: "La cultura la crea, e incluso la transmite, la gente"[17] (304).

A diferencia de Calhoun y Fricker, que defienden al menos una versión de la tesis de la inhabilidad en la que el contexto cultural exonera de responsabilidad moral, para Moody-Adams un/a agente siempre es responsable moral de sus acciones u omisiones. Advierte:

> La tesis de la inhabilidad (...) representa un desafío poderoso a la noción – defendida al menos desde Aristóteles – de que la ignorancia de una persona adulta sobre lo que debe hacer no es, por lo general, un pretexto para hacer algo incorrecto.[18] (304)

---

[15] En inglés: *"The social legacy that comprises the culture of any group endures only when human beings choose, whether critically or uncritically, to protect and perpetuate that legacy"*.

[16] En inglés: *"One of the most influential philosophical views about cultural impediments to responsibility involves the claim that sometimes one's upbringing in a culture simply renders one unable to know that certain actions are wrong"*.

[17] En inglés: *"A culture –independent of agents who perpetuate culture– cannot be an 'agent' of anything [...] Culture is created, and even transmitted, by people"*.

[18] En inglés: *"The inability thesis (...) represents a powerful challenge to the notion – defended at least since Aristotle – that an adult's ignorance of what she ought to do is, in general, no excuse for wrongdoing"*.

Por lo mismo, para ella, se puede rastrear el origen de la ignorancia moral hasta una falla personal, lo que apunta inexorablemente hacia la responsabilidad moral del agente. Fricker también es consciente de esta posibilidad, como cuando dice, citando a C. Hookway, "en la cuestión práctica de nuestras costumbres epistémicas siempre está presente el habitual espacio para la *acracia*" (2017:165-166, cursivas de la autora), con lo que apunta a que siempre es posible argumentar que ese estado mental mediante el cual, por debilidad de la voluntad o por irracionalidad, un/a agente hace a un lado la prudencia para actuar en contra de su mejor juicio o para dejar de hacer lo correcto, es responsabilidad individual.

Una de las objeciones de Moody-Adams a la tesis de la inhabilidad es lo que llama la falla 'empírica' de muchos autores, que se basan en lo que un/a agente *no hizo* para responder por lo que *no podía* hacer, lo cual es especulativo y difícil de resolver (294). Acaso podría usarse como crítica al concepto de "decepción" en Fricker, aunque ésta habla más bien de la alternativa —también especulativa, es cierto, pero al mismo tiempo con una cierta base empírica— de que un/a agente "podría" haberse comportado de manera "excepcional" (esto es, utilizando "sus propios recursos morales").

Moody-Adams opta por una explicación distinta, que recoge lo que Tomás de Aquino definió como *ignorancia afectada* y que significa "elegir no saber aquello que uno puede y debe saber"[19] (294): es la "tendencia común, y culpable"[20] (298), cuyo fin es el de preservar ciertas prácticas, a sabiendas de que son incorrectas. Sobre esta "tendencia común, y culpable" construyó Hannah Arendt su célebre noción de "la banalidad del mal", concepto al que Moody-Adams introduce una modificación para redefinirlo como la "banalidad de *hacer* el mal"[21] (299, énfasis añadido). Cuando las personas 'eligen no saber', las consecuencias pueden extenderse a cualquiera: "los ciudadanos ordinarios pueden volverse cómplices de la existencia de la tortura —a menudo

---

[19] En inglés: *"choosing not to know what one can and should know"*.

[20] En inglés: *"common, and culpable tendency"*.

[21] En inglés: *"banality of wrongdoing"*.

sencillamente negándose a admitir que existe"[22] (299). De hecho, lo que Hume definió como *sympathetic identification,* o proceso simpatético de identificación es, para Moody-Adams, básicamente la resistencia de la cultura a aceptar la regularidad con que [los ciudadanos] incurren en la banalidad de hacer el mal y en la elección de la ignorancia afectada (302). La cultura refleja la tendencia y normaliza la ignorancia.

¿Cómo debemos responder entonces a la responsabilidad individual? De acuerdo a Moody-Adams, las formas usuales de condena hacia el comportamiento incorrecto en filosofía (y en la vida cotidiana) son dos: una es a través de un modelo de rigor moralista que "pone el acento en la culpa pero sin conceder el perdón que sabe lo difícil que resulta ser moral"[23] (302-303), y la otra que, precisamente, pone el acento en el perdón: "un modelo terapéutico de conducta que concede el perdón mediante la eliminación de la culpa"[24] (303).

Moody-Adams propone una tercera alternativa: la del "moralista perdonador"[25] (303), que reconoce la falibilidad del ser humano y su tendencia a incurrir en la banalidad de hacer el mal, sin quitarle responsabilidad moral precisamente porque cree en el valor de considerar a la persona como agente moral responsable. Esta alternativa funciona asimismo respecto de otras culturas (303), incluso aquellas con las que no se da ese proceso *simpatético* de identificación del que hablaba Hume.

Cuando la teoría de la inhabilidad trata de liberar al agente de su responsabilidad moral sosteniéndose en el condicionamiento "cultural", pasa por alto dos cosas: la primera es que las culturas no ocurren de forma independiente a los individuos; la segunda que la cultura por sí misma no es una agente, por tanto, tampoco un sujeto de responsabilidad moral. Incluso hoy, en que las sociedades funcionan en un contexto de estratificaciones complejas, con subculturas propias, no es posible explicar cada aspecto de la

---

[22] En inglés: *"ordinary citizens can become complicit in the existence of torture –often by simply refusing to admit that it takes place".*

[23] En inglés: *"which seeks to emphasize blame, without the forgiveness that recognizes how hard it is to be moral".*

[24] En inglés: *"a therapeutic model of behavior which allows forgiveness by doing away with blame".*

[25] En inglés: *"forgiving moralist".*

conducta de los seres humanos remitiéndonos únicamente a las prácticas culturales: "Muchos de los detalles más importantes de nuestras decisiones (...) sencillamente no están determinados por la cultura"[26] (305). Aun el "aculturamiento"[27] (304) es condición de posibilidad para la responsabilidad del agente. Moody-Adams asegura: "En todos los casos de personas sin disfunciones, excusarlas de su responsabilidad moral es, de hecho, negar su humanidad"[28] (306).

Moody-Adams también se opone a ese tipo de relativismo moral que llega a sostener que no podemos juzgar críticamente a otra cultura: sería equivalente a negar a las personas de una cultura distinta la capacidad de ser responsables moralmente por su comportamiento. Esto es pensar en una persona de otra cultura como un "otro" (306), verlo casi como un ser "de museo", como si fuera "menos que completamente humano"[29] (309).

Hay una condescendencia paternalista en la perspectiva relativista, que podemos equiparar a la de Greenleaf cuando desestima el testimonio de Marge tratándola como una mujer histérica (irracional), incapaz de soportar la verdad. Fricker acertadamente acusa a Greenleaf de someter a Marge a la "injusticia de la condescendencia"[30] (Fricker 2017:173), algo con lo que Moody-Adams seguramente no podría estar más de acuerdo.

En efecto, para Moody-Adams el verdadero respeto por otra cultura radica en juzgar críticamente y en entrar a debate con quienes edifican y perpetúan esa cultura: los individuos (1994:309). El debate crítico nos permite incluso deliberar sobre si tenemos el derecho de asistir a quienes son víctimas involuntarias de ciertas "prácticas indefendibles moralmente"[31] (309) de otras culturas, sin dejar por ello también de pensar crítica y reflexivamente sobre nuestra propia cultura. Hay ecos aquí de lo que Linda Martín Alcoff define

---

[26]   En inglés: *"Many of the most important details of our decisions (...) are simply not determined by culture"*.

[27]   En inglés: *"being 'encultured'"*.

[28]   En inglés: *"... to deny an unimpaired person has engaged in wrongdoing (...) is to deny the humanity of the person in question"*.

[29]   En inglés: *"less than fully human"*.

[30]   En inglés: *"the wrongs of condescension"*. El traductor al español utiliza la expresión: "los males de los aires de superioridad y el desdén"; yo he preferido usar la frase 'la injusticia de la condescendencia'.

[31]   En inglés: *"morally indefensible practices"*.

como el "problema de hablar por otros", que puede encubrir un deseo de poder tan opresivo como el patriarcado (o el colonialismo) que se pretende erradicar (Martin Alcoff, 1991).

Es interesante que se puede aplicar el mismo criterio del que habla Moody-Adams hacia Fricker, cuando señala que al negarle Greenleaf confianza epistémica a Marge la socava – aunque 'cortésmente' – en su misma humanidad. Si el desprecio epistémico es un desprecio a nuestra misma humanidad, además de que debemos cuestionar el adjetivo –*'cortésmente'*– con que Fricker describe la acción de Greenleaf (pues no parece haber nada cortés en socavar la humanidad de alguien), también podríamos cuestionar si acaso Fricker no socava la humanidad de Greenleaf al negarle responsabilidad moral por sus acciones, por más que éstas sean producto de la moral 'rutinaria' de su tiempo. Parecería que Fricker atenta contra la teoría de la inhabilidad que pretende defender.

En cierto sentido es así, aunque desde luego se debe tomar en cuenta que Fricker podría argumentar que precisamente para eso es que sirve la "decepción": esperábamos más de Greenleaf por considerar que hubiera podido tener una respuesta "excepcional". No la tuvo, pero *hubiera podido* tenerla: de ahí nuestra 'decepción'.

Lista comparativa

Existen coincidencias y divergencias en los tres planteamientos, algunas de las cuales ya hemos visto en los desarrollos de cada propuesta. En lo que sigue haré una lista con las coincidencias y divergencias entre las autoras.

Fricker, Calhoun y Moody-Adams coinciden en los siguientes puntos:
1. Las tres aceptan que no puede negarse la influencia del 'contexto' en el que se desarrolla un/a agente moral sobre la formación ética de dicho/a agente;
2. Reconocen las dificultades para establecer con claridad los límites entre la responsabilidad moral de un/a agente y las acciones que corresponden al condicionamiento cultural (que marca lo aceptable y lo correcto);

3. Defienden que un/a agente no está invalidado/a frente al contexto. En Fricker, cuenta con la posibilidad del pensamiento crítico ("excepcional"); en Calhoun, con la capacidad de autolegislarse; en Moody-Adams, con la del simple aprendizaje de negarse a la obediencia, que se manifiesta desde la temprana adquisición del lenguaje (Moody-Adams 1994:296 n14);

4. Sostienen que alguna forma de 'sanción' moral es útil socialmente hablando (en Fricker es el "desencanto"; en Calhoun, el "reproche moral"; en Moody-Adams el "moralista perdonador");

5. Proponen soluciones que buscan mediar o conciliar posiciones contrarias;

6. Comparten el interés por la dignidad de las personas.

Fricker y Calhoun, pero no Moody-Adams, coinciden en que:

1. Hay al menos una versión de la tesis de la inhabilidad según la cual la ignorancia moral no es culpable. Para Fricker, lo que exculpa a un/a agente es su incapacidad "estructural" (histórica y socio-cultural) de ir más allá del comportamiento 'rutinario'; para Calhoun, es el condicionamiento social.

Las divergencias más significativas entre sus posturas pueden resumirse en los siguientes puntos:

Moody-Adams, pero no Calhoun ni Fricker:

1. Rechaza la tesis de la inhabilidad;

2. Adhiere a la tesis de la "ignorancia afectada";

3. Advierte que la "ignorancia afectada" se da siempre en aquellos a quienes beneficia;

4. Concluye que la "ignorancia afectada" siempre es deliberada (en tanto conviene a los intereses de quienes la preservan);

5. Sostiene que reconocer la responsabilidad moral de un/a agente es una forma de respetar su humanidad.

Calhoun, pero no Fricker ni Moody-Adams,

1. Considera que la ignorancia moral no es culpable: el condicionamiento social proporciona la excusa;
2. Defiende la utilidad de emplear el "reproche moral", independientemente de la culpabilidad o la no culpabilidad de un/a agente.

Fricker, pero no Calhoun ni Moody-Adams,

1. Defiende el "relativismo de la culpa";
2. Considera la ignorancia moral como una "incapacidad estructural";
3. Propone que el único juicio apropiado al comportamiento incorrecto es la forma del juicio crítico expresado mediante la "decepción".

Los tres modelos teóricos que he examinado exhiben la dificultad de determinar la responsabilidad moral de un/a agente. A grandes rasgos, Calhoun defiende que un/a agente no es responsable moralmente de su conducta pues ésta es resultado del medio ambiente; Moody-Adams defiende que la responsabilidad siempre es a fin de cuentas del individuo; y Fricker defiende una posición intermedia que postula que la conducta de un/a agente es un producto de su tiempo histórico, pero que siempre hay la posibilidad de trascender moralmente ese tiempo.

Las tres posiciones de estas filósofas muestran algunas de las dificultades inherentes a adjudicar responsabilidad moral, pero también es interesante destacar que coinciden en que, a pesar de esas dificultades, hacer oír la voz frente a un acto indebido y/o la injusticia tiene una utilidad moral, aunque no sea sino como un correctivo ejemplar (Calhoun), para ejercer la función del perdón moralista (Moody-Adams) o para proporcionar una vía de desahogo frente a la injusticia de la mala suerte epistémica y moral (Fricker).

Para complementar estas reflexiones, será de utilidad examinar el concepto de injusticia epistémica, que nos permite lograr una mejor comprensión del mecanismo por el cual quienes hacen filosofía, y quienes hacen historias de la filosofía, han dado cabida, incluso si fue no deliberadamente, a prejuicios que silenciaron la voz de las mujeres en la disciplina filosófica.

Exposición del modelo metodológico

El concepto de "injusticia epistémica"

Desde el relato con que Herodoto describió las 'Guerras Médicas', se entiende por *historia* el estudio objetivo – esto es, fidedigno – del pasado. Entonces, si no encontramos mujeres en las historias de la filosofía, no es poco razonable asumir que ello es un reflejo de la realidad objetiva. ¿Pero lo es?

Entre la aparición de la *Historia de la filosofía en México* de Samuel Ramos en 1943 y la de *La filosofía en México en el siglo xx* de Gustavo Leyva en 2018, no hay un avance *significativo* en el número de filósofas que se incluye en los textos de historia de la filosofía en México, lo que resulta poco consistente con la incorporación progresiva de la mujer en ese y los demás campos profesionales y académicos durante ese mismo periodo de setenta y cinco años.

El fenómeno no es exclusivo de México. De hecho, para explicar la subrepresentación de mujeres en filosofía, hoy se cuenta con modelos como el de 'Una voz diferente' de Carol Gilligan (*"In a Different Voice"*, 1984), el de 'Género e intuición filosófica' de Wesley Buckwalter y Stephen Stich (*"Gender and Philosophical Intuition"*, 2010) y el de la 'Tormenta perfecta' de Louise Antony (*"Different Voices or Perfect Storm: Why Are There So Few Women in Philosophy?"*, 2012), que permiten una aproximación al problema desde distintas perspectivas, ayudan a comprender la atmósfera de opresión hacia la mujer y proporcionan herramientas conceptuales de mucha utilidad para combatir el sesgo de género.

Mi meta es menos ambiciosa: consiste en estudiar diecisiete obras de historia de la filosofía en México publicadas entre 1943 y 2018 a la luz del concepto de "injusticia epistémica" (Fricker 2007) y mostrar que la discriminación de mujeres es un problema que atañe a la filosofía, ya que tiene consecuencias éticas y epistémicas no solamente para las mujeres, sino para la comunidad filosófica en su conjunto. Como bien apuntaba José Gaos en 1952, hay una "necesidad de que la Historia de la Filosofía sea filosófica"

(Gaos 1952:87), hecha por filósofos, y no una actividad de historiadores, por más que éstos puedan aportar también elementos enriquecedores.

La injusticia epistémica testimonial

Miranda Fricker analiza la injusticia epistémica en dos formas: testimonial y hermenéutica.

1. La injusticia epistémica en su forma *testimonial* consiste en negarle confianza epistémica (credibilidad) a una persona con base en un prejuicio sobre su identidad. Además del guión sobre *El talento del Sr. Ripley*, Fricker recurre a la obra de Harper Lee, *Matar a un ruiseñor*, que muestra a un jurado blanco en el sur de los Estados Unidos que antepone sus prejuicios raciales a la evidencia presentada y condena sin fundamentos a un hombre negro por un crimen – que no cometió – contra una muchacha blanca.

2. Por otra parte, la injusticia epistémica en su forma *hermenéutica* consiste en la formación de "vacíos o lagunas" conceptuales (Fricker 2017:257) debido a un prejuicio colectivo que impide a una persona dar sentido inteligible a una experiencia vivida. Más adelante veremos ejemplos de las dos formas de la injusticia epistémica con mayor detalle.

De acuerdo a Fricker, todos los días vivimos casos de injusticia epistémica, pero la tradición desde Aristóteles nos ha hecho creer que la injusticia es una situación de anomalía ética, una anormalidad en todas nuestras relaciones, incluso las epistémicas. Para lograr que nuestra conducta epistémica se torne al mismo tiempo "más racional y más justa" (2017:21), tenemos que encontrar las formas de 'corregir' esa visión equivocada, asumir que la injusticia es el comportamiento habitual y de ahí partir para reencontrar "la 'virtud de la verdad' primigenia" (2017:24) que nos permite escuchar al otro sin que nuestros prejuicios lo denigren negándole el respeto que merece como comunicador válido de conocimiento.

Podría parecer incómodo a quienes gusten de pensar en su entorno cultural como avanzado, pero –sostiene Fricker– la verdad es que todos los días cometemos, padecemos y atestiguamos casos de injusticia testimonial, puesto que ésta "es un componente normal de la vida discursiva" (2017:24). Sin embargo, también resulta posible reorientar nuestra conducta ética y epistémica, para lo cual debemos hacer un movimiento consciente que nos permita cambiar nuestro comportamiento y escuchar al otro sin que nuestros prejuicios – sean individuales o colectivos, deliberados o no – denigren a quien nos habla negándole el respeto que merece como un interlocutor y transmisor de conocimiento válido. Como este cambio requiere de una toma de conciencia, primero hay que entender el mecanismo mediante el cual se define nuestro comportamiento.

Existimos, dice Fricker, en una red de relaciones sociales cuya misión es crear, o preservar, el orden establecido. Esto recuerda la idea de Foucault sobre el poder social que regula el intercambio entre agentes (2017:21), pero la diferencia de Fricker con el filósofo francés es que, para ella, ese poder no está vigente sólo cuando "entra en acción", sino que funciona de manera permanente: de hecho, consiste en una

> capacidad práctica socialmente situada para controlar las acciones de otros, que puede ser ejercida (de forma activa o pasiva) por agentes sociales concretos o, de manera alternativa, puede operar de forma netamente estructural (2017:36).

El poder social del oyente hacia el hablante se manifiesta en tres formas: (a) como incredulidad (o déficit de credibilidad), (b) mediante el uso de estereotipos, que son un vehículo de los prejuicios, respecto de la pertenencia del hablante a una cierta tipología social (que se expresa como raza, género o cualquier otra diferenciación no racional); y (c) a través de una cosificación [*objectification*] epistémica del sujeto, a menudo expresada en formas de silenciamiento (2017:222-230).

La injusticia epistémica en su aspecto hermenéutico funciona de manera paralela, frenando el desarrollo epistémico de una persona al negarle las herramientas de interpretación necesarias para dar sentido a sus experiencias y poder comunicarlas de forma inteligible a sí misma y a los demás, lo que, en última instancia, también tiene consecuencias sobre su credibilidad. En la parte final del segundo capítulo de este trabajo veremos ejemplos concretos en que el poder social en estas tres manifestaciones se refleja en las historias de la filosofía en México.

Ese control que tenemos sobre el otro vulnera la "capacidad esencial" del ser humano (2017:23), que, como vimos antes, involucra ser tomado en cuenta como un interlocutor epistémico válido. Negarle esto a una persona es denigrarla en su humanidad al grado de que le roba la oportunidad de alcanzar un desarrollo pleno:

> Sin duda, este daño puede erosionar la psicología del sujeto con mayor o menor profundidad y exploro la idea de que, cuando ahonda, puede coartar o limitar el desarrollo personal, de tal modo que podría impedir casi literalmente que una persona pudiera llegar a ser ella misma (2017:23).

A pesar de la seriedad del daño, dice Fricker, dentro de la tradición anglo-estadounidense la historia epistémica no se ha detenido lo suficiente para estudiarlo, salvedad hecha de "la epistemología feminista [que] ha sido más bien una voz solitaria" (2017:19). Quizá, especula Fricker, como reacción contra el relativismo en el que desembocó el posmodernismo, o acaso sea una respuesta a la idealización del individualismo y el racionalismo compulsivo; pero, y quiero enfatizar lo que sigue,

> Con independencia de cuál sea la explicación, una de las fuerzas motrices de este libro es que la epistemología, tal como se ha desarrollado tradicionalmente, se ha visto empobrecida por la ausencia de algún marco teórico conducente a revelar los aspectos éticos y políticos de nuestra conducta epistémica (2017:18-19).

Podemos extender este comentario de Fricker a la historia de la filosofía en México, que también se ha visto empobrecida por la falta de ese marco teórico que no sólo nos hubiera permitido tener una mejor comprensión del aspecto ético y político de nuestra conducta epistémica, sino también nos habría permitido tener una visión más completa de los hechos, pues incluiría la aportación de las mujeres.

Como señala Fricker, la historia de la ética también ha ignorado el importante papel de la injusticia epistémica y esto se debe, en gran medida, a que se ha seguido el modelo de Aristóteles, precisamente porque para éste la justicia es la situación de normalidad. Tal como lo resume Fricker al citar *The faces of Injustice* ['Las caras de la injusticia'] de Judith Shklar:

> Existe un modo, por así decir, "normal" de pensar acerca de la justicia que Aristóteles no inventó pero ciertamente sí codificó e imprimió para siempre en nuestra mente. Este modelo normal de justicia no ignora la injusticia, pero tiende a reducirla a la condición de preludio a la justicia o de falla o quiebra de la misma, como si la injusticia fuera una sorprendente anormalidad. (2017:75-76)

Si bien la injusticia epistémica puede manifestarse de manera deliberada a través de nuestra expresión de prejuicios y estereotipos, también puede hacerlo de forma no deliberada, operando, por así decirlo, "sin el permiso" del sujeto e incluso yendo a contracorriente de sus creencias. Es el caso de una feminista a ultranza [*"card-carrying feminist"*] que rechaza el sexismo pero en cuya "imaginación social" sigue funcionando el estereotipo de que las mujeres no tienen la autoridad necesaria para ocupar cargos políticos, o de un antirracista de toda la vida en cuyos juicios sociales se manifiesta un prejuicio racial residual (2017:75). Con esto, Fricker apunta a mostrar lo difícil que resulta para un individuo sustraerse del clima ideológico de su comunidad. La buena noticia, como ya se señaló antes, es que así como hay un daño epistémico, también existe una virtud epistémica.

Esto nos conduce de nuevo a Aristóteles: si la virtud es un hábito, es posible aprenderla y, por tanto, también es posible enseñarla. Este punto será de gran importancia para Fricker, pues le proporcionará el punto de apoyo a su tesis sobre la posibilidad de que reencontremos la ya mencionada "'virtud de la verdad' primigenia", una "sensibilidad" que afina y desarrolla nuestra capacidad crítica al grado de que puede llegar a convertirse en una parte constitutiva de nuestros juicios, una suerte de "segunda naturaleza" que nos permitiría "corregir" nuestra conducta epistémica:

> La idea de sensibilidad testimonial nos ofrece una imagen de cómo los juicios pueden ser racionales y, sin embargo, irreflexivos; críticos pero no inferenciales. Nos presenta una capacidad racional que comprende virtudes, que se inculca al sujeto a través del proceso de socialización y que permite realizar correcciones y ajustes sobre la marcha a la luz de la experiencia y la reflexión crítica. Por tanto, nos encontramos ante una capacidad racional diferente de cualquier otra cosa contemplada en la epistemología *per se*, pero que tiene un precedente antiguo en la epistemología moral. Podríamos pensar que la sensibilidad testimonial forma parte (de hecho, una parte esencial) de nuestra 'segunda naturaleza' epistémica". (2017:145)

La distancia crítica de las personas respecto de su "socialización ética" (negativamente prejuiciosa) desemboca en el desarrollo de una "sensibilidad testimonial" que nos permite conducirnos con "responsabilidad ética"; lo mismo ocurre con la "socialización epistémica".

Al concentrarnos en la "normalidad de la injusticia", entonces, "ganaremos mucho desde el punto de vista filosófico... [por ejemplo]... obtendríamos una mejor comprensión de lo que se requiere en la práctica para actuar en sentido contrario [a la injusticia]" (2017:27). Para lograrlo, "necesitamos una concepción del aprendizaje ético más historicista y reflexiva que la que encontramos en Aristóteles" (2017:140-141). Para Fricker, analizar la injusticia epistémica en su forma testimonial y hermenéutica como un problema ético es lo que abre la posibilidad de ir más allá de Aristóteles y de lograr un verdadero cambio.

La injusticia epistémica hermenéutica

Si buscamos corregir nuestra conducta epistémica, primero es necesario comprender cómo opera. Antes vimos que la injusticia epistémica en su forma *testimonial* descansa en el "poder social" – esa "capacidad práctica y socialmente situada para controlar las acciones de otros" – y en un subgénero de éste, el "poder de identidad", que es una "forma de poder social directamente dependiente de concepciones compartidas en el imaginario social de las identidades sociales de los implicados en la actuación concreta del poder" (2017:21).

La injusticia epistémica en su forma *hermenéutica* descansa en el prejuicio colectivo que crea una laguna o un vacío conceptual alrededor de una experiencia de tal manera que impide formarla como una 'concepción compartida' y por tanto impide a una persona dar sentido a esa experiencia. Fricker utiliza dos ejemplos para mostrarlo. El primero es el de Carmita Wood (2017:241-243), una mujer que en los años setenta padeció de una forma de intimidación sexual por parte de un investigador en su lugar de trabajo, experiencia que ella no lograba comprender ni transmitir adecuadamente por carecer del concepto que le daría sentido: el de "acoso sexual". El segundo es el de Edmund White (2017:262-263), un escritor homosexual que creció hostigado por los recursos hermenéuticos de los años cincuenta, que impregnarían su experiencia sexual de "significados falsificadores" (2017:262), como el considerar la homosexualidad una mera etapa de inmadurez en su desarrollo y/o una enfermedad de la que era posible –y necesario– curarse.

En el siguiente capítulo de este trabajo desarrollaré algunos ejemplos de manifestaciones de injusticia epistémica en el caso específico de la historia de la filosofía en México.

Capítulo 2

Ampliación del modelo de injusticia epistémica testimonial a la historia de la filosofía en el caso específico de México

En esta sección, examinaré diecisiete obras historiográficas de la filosofía en México en el siglo XX y XXI a la luz del concepto de injusticia epistémica, para lo cual primero expondré las tres manifestaciones más comunes de la injusticia epistémica en su forma testimonial: Déficit de credibilidad (A); Uso de estereotipos (B); y Cosificación mediante el silenciamiento (C).

Déficit de credibilidad (A)

La *Historia de la filosofía en México* publicada por Samuel Ramos en 1943 se reconoce como la primera 'historización' sistemática de la filosofía mexicana.[1] En ella, Ramos no incluyó ni una sola filósofa, de manera que nuestra tradición histórica filosófica se inaugura con ese vacío de conocimiento: el de las mujeres filósofas. De hecho, Ramos ni siquiera hizo mención de la profesora Paula Gómez Alonzo, colega suya en la Facultad de Filosofía y Letras de la UNAM, quien, en 1933, diez años antes de que Ramos publicara su *Historia...*, había escrito – nada más y nada menos – la *primera* tesis de maestría de esa Facultad,[2] publicada con el sugerente nombre de "La

---

[1]   Por ejemplo, en su estudio "La historización de nuestra filosofía" Bernabé Navarro dice de la obra de Ramos: "Es la primera verdadera historia de nuestra filosofía que ha sistematizado todos los elementos disponibles" (Navarro, 1949).

[2]   Recojo este dato de Graciela Hierro en "Paula Gómez Alonzo", publicado en *Setenta años de la Facultad de Filosofía y Letras* (pp. 371-372, UNAM, México, 1994).

cultura femenina".[3] Aun cuando resulta imposible afirmar que Ramos sabía de la existencia de esa tesis de Gómez Alonzo y que eligió ignorarla, lo que no puede ponerse en duda – pues es un dato de la realidad – es que sí tomó la decisión de no incorporar en su libro a Gómez Alonzo ni a ninguna otra filósofa, con lo que cometió una injusticia epistémica hacia las mujeres en su disciplina.

Transcurrieron veinte años después de la obra de Ramos y se publicó *Estudios de historia de la filosofía en México* (De la Cueva *et al.*, 1963), a cargo de un equipo enteramente masculino formado por académicos tan prestigiosos como Miguel León-Portilla, Edmundo O'Gorman, José María Gallegos Rocafull, Rafael Moreno, Luis Villoro, Leopoldo Zea, Fernando Salmerón y Abelardo Villegas (algunas ediciones después se incorporaría también Ramón Xirau). Este nuevo compendio de la filosofía mexicana pretendía ser un recorrido histórico exhaustivo, pero la única mujer que incluyó fue Sor Juana Inés de la Cruz; más tarde, Xirau incorporaría también a la filósofa *española* María Zambrano, en el apartado sobre los exiliados de esa nación en México. De nuevo se había ignorado a Paula Gómez Alonzo, quien para entonces ya había publicado al menos dos libros más: en 1955 su trabajo doctoral *Filosofía de la Historia y Ética* (1955) [reseñado en 1956 por Eli de Gortari en *Dianoia*], así como, en 1958, *La ética en el siglo xx* (1958) en ediciones de la propia Facultad de Filosofía y Letras de la UNAM. Pero el equipo redactor en su integridad también ignoró a otras filósofas que a esa altura ya tenían una valía filosófica de importancia, como Rosario Castellanos, que había publicado, por ejemplo, *Sobre cultura femenina* (1950), además del premiado *Balún Canán* (1957), así como varias de las destacadas alumnas de José Gaos, entre las que estaban Victoria Junco (quien en 1944 publicara *Algunas aportaciones al estudio de Gamarra o el eclecticismo en México)*, Monelisa Pérez-Marchand (quien en 1945 publicara *Dos etapas ideológicas del siglo xviii*), Olga Victoria Quiroz-Martínez (quien en 1949 publicara *La introducción*

---

[3] En el pie de página, Nota 122, del artículo de Graciela Hierro sobre Gómez Alonzo, indica que los sinodales de su tesis de maestría fueron Alfonso Caso, Enrique O. Aragón, Antonio Caso y Pablo González Casanova y que, unos años más tarde, en 1951, se doctora en filosofía con un jurado formado por el propio Samuel Ramos, además de José Gaos, Leopoldo Zea, Adalberto García y Luz Vera (Hierro 1994, pp. 371-372).

de la filosofía moderna en España. El eclecticismo español en los siglos XVII y XVIII), Vera Yamuni (quien, en 1951, publicara *Conceptos e imágenes en pensadores de lengua española*), Carmen Rovira (quien en 1958 publicara *Eclécticos Portugueses del Siglo XVIII y Algunas de sus Influencias en América: México, Ecuador y Cuba*) y Rosa Krauze, quien en 1961 publicara *La filosofía de Antonio Caso,* obra, por cierto, ampliamente citada en *Estudios...*

No corresponde en el presente trabajo de investigación hacer un análisis pormenorizado de la influencia que tuvo esta visión *parcial* de la filosofía mexicana, con que se inauguró la historia de la filosofía en México, sobre las subsecuentes obras producidas desde 1943 en ese mismo género, pero no parece descabellado suponer que si ninguno de esos dos libros germinales le dio valor epistémico al quehacer intelectual de las filósofas —esto es, a sus investigaciones, sus temas de estudio, sus propuestas, sus reflexiones y sus obras—, eso bien pudo ayudar a definir la tendencia del sesgo que, aún hoy, casi ochenta años después, todavía existe en las historias de la filosofía en México. No se trataba entonces – ni se trata hoy – de que *no hubiera* filósofas, sino de que no se les reconoció como sujetos de conocimiento, como "informantes válidos"; es decir, se les negó *credibilidad* epistémica y, con ello, afirmamos con Fricker, se les denigró en su misma humanidad. Por lo mismo, quizá lo más inquietante del silencio al que se sometió a las mujeres filósofas es la aparente normalización del hecho, ya que —ni ayer ni ahora— hubo quien protestara por la injusticia, ni siquiera quienes habían sido excluidas. ¿Se daba por descontado que la filosofía no era un lugar para las mujeres?

Uso de estereotipos (B)

Que la filosofía no era un lugar para las mujeres era precisamente lo que se pensaba en los albores de nuestra historia de la filosofía, como lo muestra, por ejemplo, el texto de 1939 "La mujer en la historia" de José Gaos, que es una muestra de la mentalidad imperante en la época, eso que el filósofo mexicano Guillermo Hurtado ha llamado "clima de ideas" (Hurtado, 2016). Dice Gaos,

Intentar explicar la situación histórica de la mujer y su ausencia en la Historia por su debilidad, es intentar explicar el hecho histórico por la naturaleza, o constitución de la mujer, por su carácter y personalidad, con términos de mayor actualidad científica. Más precisamente: por la incongruencia entre la personalidad de la mujer, lo que se puede llamar más brevemente la feminidad, y la naturaleza de los sectores de la cultura y de la historia en que la mujer no figura. La fundación de religiones, la filosofía, la ciencia, la política, la literatura y el arte incluso, la historia misma, consistirían total o parcialmente en algo o exigirían algo con lo que sería incompatible o que no podría dar de sí la feminidad [...] *Feminidad y filosofía consistirían en cosas exactamente opuestas: nada de extrañar, pues, que la mujer no haya hecho, por no poder hacerla, filosofía.* (Gaos 2000; cursivas y énfasis añadidos)

Gaos a su vez muy probablemente había tomado esa idea de su maestro Manuel García Morente, que en su ensayo de 1929 "El espíritu filosófico y la femenidad" se preguntaba cómo explicar la ausencia de mujeres en la filosofía. Esa realidad, sostenía, no podía ser casual:

[...] Si la mujer no ha sido filósofa hasta ahora, es, sin duda, porque *no ha querido serlo* [...] *Algo debe haber en la estructura misma del alma femenina, que se opone a que la mujer sienta gusto y afán por el ejercicio de la meditación filosófica.* (García Morente 1929; cursivas y énfasis añadidos).

La idea estaba tan extendida que incluso la misma Paula Gómez Alonzo haría eco de la misma al expresar, en 1933:

En el arte, en la literatura, por ejemplo, no hay producción de obras del gran valor humano de una Ilíada, de una Divina Comedia, de un Quijote, de un Fausto.

No obstante, al menos ella aventura una explicación:

La invención y la creación en todas sus formas han sido realizadas por varones: el arte, la ciencia, la industria, etc., han rec*ibid*o aportaciones estimables solamente de los varones. Este es uno de los efectos de la falta de cultura femenina. La mujer no creará, en el alto sentido psicológico del vocable, mientras no haya laborado su propio campo intelectual.

Ahora bien, ¿cómo explicar que estos tres filósofos, reflexionando sobre la situación de la mujer en el pensamiento, sostuvieran la misma idea de que la mujer no ha hecho "aportaciones estimables" en ningún campo, defendiendo una misma tesis acerca de la incapacidad – "natural", "estructural", "cultural" – de las mujeres de ser sujetos, productoras, transmisoras de conocimiento filosófico?[4]

Hoy, con la red de internet es posible encontrar en el más común de los buscadores electrónicos – *Wikipedia* – al menos doscientos cincuenta nombres en lo que constituye un continuum histórico de filósofas, desde la Antigüedad a nuestros días, que incluye a Hipatia de Alejandría, Diótima de Mantinea, Teresa de Ávila, Sor Juana Inés de la Cruz, Émilie Du Châtelet, Mary Wollstonecraft, Lou-Andreas Salomé, Rosa Luxemburgo, Susanne Langer, Edith Stein, Simone Weil, Julia Kristeva y Martha Nussbaum, apenas una diminuta muestra de mujeres que han participado y aportado a la par de los hombres y a lo largo de los siglos al desarrollo del pensamiento sistemático, científico y filosófico lo suficiente para echar por tierra la noción – o mejor dicho, el estereotipo – de que su "estructura" mental "se opone a que sientan gusto... por la meditación filosófica" (García Morente), de que no han dado "aportaciones estimables" (Gómez Alonzo) a la filosofía, y de que no han hecho filosofía "por no poder hacerla" (Gaos). Además, claro, puede consultarse al respecto obras especializadas en el tema, como *A History of Women Philosophers* de Mary Ellen Waithe (Waithe, 1987) y la serie de publicaciones *Re-reading the Canon* de la Universidad de Penn State (Nancy Tuana, editora), por citar solo algunas.

---

[4] Contra la 'tesis de la naturaleza introvertida de la mujer' se puede oponer la 'tesis del convencimiento' que se apoya en el principio político de la libertad de elegir: ¿a qué mujer se consultó si quería o no aparecer en las historias de la filosofía? Al respecto, ver Sofía Mosqueda: "Sobre el consentimiento y la distribución desigual del placer" (Mosqueda, 2018).

El problema entonces, es simplemente que desde tiempos históricos ha sido moneda corriente hacer válido el estereotipo de acuerdo al cual las mujeres no habían participado en la historia del pensamiento porque no tenían la capacidad para hacerlo. La práctica de asumir esta aparente 'verdad' como tal, por costumbre y sin cuestionarla, es aquello a lo que Fricker denomina comportamiento ético "rutinario".

Cosificación epistémica mediante el silenciamiento (C)

En su artículo *"Some Remarks on Exploring the History of Women in Philosophy"* ['Algunos comentarios sobre la búsqueda de la historia de las mujeres en filosofía'], la filósofa estadounidense Linda Lopez McAlister relata que, en los años sesenta, al terminar su doctorado en filosofía, se dio cuenta de que nunca había oído mencionar el nombre de ninguna filósofa en ninguna de sus clases (Lopez McAlister 1989). Por eso esperó con ansiedad la aparición de *The Encyclopedia of Philosophy* editada por Paul Edwards (Edwards 1967), que contenía artículos sobre más de novecientos pensadores y prometía ser quizá la más completa recopilación filosófica hasta el momento, pero no encontró en ella un solo artículo dedicado a una filósofa. El mensaje era claro: no había filósofas en el pasado, o al menos ninguna que valiera una entrada individual. Si las había, eran excepciones. Pero resulta que Edwards había dejado fuera tanto a contemporáneas suyas de la talla de Hannah Arendt, Ayn Rand, Simone de Beauvoir y Elizabeth Anscombe como a cientos de otras de épocas anteriores, todas de tal importancia que, fueran de su tiempo histórico o no, es difícil creer que no conociera sus aportaciones e influencia en el campo filosófico. ¿Qué tipo de historiador de la filosofía que se respete ignora semejante alud de pensadoras clave?

El ejemplo de la *Encyclopedia* de Edwards resulta emblemático de esa cierta forma de aproximarse a la historia de las ideas del pensamiento filosófico que prevaleció durante siglos, por lo menos hasta la primera mitad del siglo xx, si bien debe señalarse que, a partir de la segunda mitad del siglo xx en adelante, no es poca la literatura que, al menos en los países angloparlantes, se ha escrito para intentar reparar la subrepresentación de las mujeres en la filosofía. En esta línea, los modelos que ya antes cité, como el de Gilligan y el de Buckwalter y Stich, sugieren que la baja presencia de mujeres en el campo filosófico (y/o su fracaso en perseverar en el mismo) denota un "sexismo no intencional": el problema –dicen– está en la metodología y en la pedagogía imperantes en la academia, que es reacia a aceptar la diversidad de una 'voz diferente'. Mientras que Louise Antony, con su citado modelo de 'tormenta perfecta' da otra explicación: la baja representatividad de mujeres en filosofía no es una consecuencia de la discriminación, sino que la presupone: el sesgo no surge porque haya 'pocas' mujeres en filosofía (como parecían pensar García Morente, Gaos y, hasta cierto punto, Gómez Alonzo), sino que hay 'pocas' mujeres en filosofía debido a la discriminación. La discriminación es el punto de partida, que impide no sólo ver a las filósofas que sí están ahí, sino las silencia e invisibiliza en aquellos ámbitos que las harían perceptibles, como las historias de la filosofía y los programas curriculares, y además obstaculiza su acceso a programas de posgrado y puestos directivos, que las harían más visibles y a su vez les permitirían tomar decisiones para visibilizar a más mujeres. En este sentido es que Antony opta por una explicación en la que examina una interrelación de problemas, todos vinculados con la discriminación por género (como la discriminación sexual, por ejemplo), que operan a nivel social pero que tienen su propia especificidad al interior de la academia, donde la disciplina filosófica es el sitio en el que converge, de manera única en su intensidad, la interacción de fuerzas discriminatorias: de ahí la correspondencia con la 'tormenta perfecta'.

El siguiente editor de *The Encyclopedia of Philosophy*, Donald Borchert (2005), incorporó un capítulo entero sobre "Filosofía Feminista" y además agregó a varias filósofas no feministas en otras secciones de la obra: justicia histórica para la que debieron transcurrir treinta y ocho años.

Esa rectificación fue un intento del nuevo editor por corregir una perspectiva *distorsionada* de la historia, lo que abre el espacio para las siguientes preguntas: ¿Fueron deliberadas las omisiones de Edwards? ¿Había cometido éste una injusticia epistémica *ex profeso* y era, por tanto, sujeto de responsabilidad?

Puede hallarse una posible respuesta por analogía en el fallo del juez Charles Gray en un interesante caso de jurisprudencia británica: la demanda del escritor David Irving contra la editorial Penguin Books y la doctora Deborah Lipstadt, quien en uno de sus libros definió a Irving como un "negacionista" del holocausto judío en la Alemania nazi. El fallo a favor de Penguin Books y Lipstadt constituyó un enérgico golpe al prestigio del demandante Irving como un historiador serio: se probó que había adulterado registros históricos a fin de ponerlos al servicio de sus propias convicciones ideológicas. De nada sirvió que, para evitar una condena, tratara de utilizar el argumento de que no había falsificado ningún documento 'a sabiendas o voluntariamente'. El juez no tragó el anzuelo: errar es humano, pero hay una diferencia clara entre cometer un error y llevar a cabo una manipulación premeditada.[5]

El caso de Irving, así como el ejemplo de Edwards, son una muestra de que los historiadores, incluso los más prestigiosos, pueden dejar que el sesgo interfiera con lo que debería ser un análisis objetivo de los hechos. La subrepresentación de filósofas en las historias de la filosofía en México quizá en algunos casos pudiera adjudicarse a ignorancia, esto es, a un involuntario desconocimiento de quienes las escriben – lo que desde luego pone en entredicho la capacidad profesional de éstos/as –, pero en otros casos debemos preguntarnos si no ha sido consecuencia de una injusticia epistémica testimonial, consciente y deliberada.

Lo que declara López McAlister de sus años como estudiante resuena poderosamente en lo que ocurre todavía hoy en las aulas universitarias de México: hay un vacío de pensadoras, en las historias de la filosofía y en los cursos universitarios. Simplemente no hay estudio sistemático de sus obras: como si no existieran.

A lo largo de este capítulo se ha ido apuntando que esa ausencia –de los libros, de las clases, de la historia– no es sino una forma de negarle identidad epistémica a las filósofas: se las cosifica silenciándolas. Una de las manifestaciones extremas de silenciamiento y, por tanto, de cosificación, se da

---

 Se puede ver un resumen del juicio en: http://www.bailii.org/ew/cases/EWCA/Civ/2001/1197.html: *"The judge recorded… that the applicant testified 'that he had never knowingly or wilfully misrepresented a document or misquoted or suppressed any document which would run counter to his case'"* ["El juez dejó asentado… que el demandante testificó 'que a conciencia o a voluntad él jamás había tergiversado o citado mal o suprimido ningún documento que fuera contrario a su caso'"].

en el contexto de la pornografía. Fricker cita a Catharine MacKinnon sobre este fenómeno:

> La pornografía convierte a las mujeres en objetos. Los objetos no hablan. Cuando hablan, en ese momento ya se las considera objetos, no seres humanos, que es lo que supone que no tengan credibilidad [...] En semejante ambiente de cosificación sexual, la falta de credibilidad extrema de las mujeres daría pie a una forma especialmente aguda de injusticia testimonial. (Fricker 2017:227)

O, dicho en otras palabras: "el silenciamiento podría adoptar la forma de una injusticia testimonial extrema" (2017:230).

Esto resulta relevante porque históricamente se ha denigrado a las mujeres tratándolas como objetos, lo que contradice la idea ética –desarrollada por Kant, entre otros– "de tratar a los congéneres humanos como seres humanos plenos" (2017:218). Y si bien Fricker concede a Martha Nussbaum que cosificar a otra persona tratándola como un medio "no necesariamente implica una conducta moralmente nociva", la excepción se da siempre y cuando además se le trate, al mismo tiempo, como "un fin en sí mismo". En el mismo sentido, se puede tratar a otro como un objeto, pero no como un "*mero* objeto", o como un medio, pero no como "un *mero* medio" (2017:218; énfasis original en ambos casos).

Aplicando esta fórmula al ejemplo de Rosa Krauze, cuyo análisis sobre Caso fue citado profusamente en *Estudios de historia de la filosofía en México* sin que se le integrara como la ensayista de altura que era, se puede ver que no se le tomó como una autoridad por derecho propio, sino como una "*mera* fuente de información" (2017:219; énfasis original).

Es otra forma de silenciamiento, distinta pero equivalente a la de omitir del todo la mención de la filósofa: cosificarla al mencionarla sin darle el debido crédito por su aportación. El silencio total, pero también el descrédito, son formas de injusticia epistémica *testimonial* extrema que ponen en evidencia la escasa autoridad intelectual concedida a las mujeres. Que esto haya ocurrido sin consecuencias para los perpetradores apunta a la otra forma de injusticia epistémica: la *hermenéutica*. Para explicar en qué sentido, resultará útil recordar el caso de Carmita Wood, quien no lograba hacer comprensible la insoportable situación de hostigamiento de que fue objeto por parte de su empleador ni a ella misma ni a los demás por carecer del concepto de "acoso sexual". De manera análoga, se puede sostener que las filósofas mexicanas han carecido precisamente del concepto de "injusticia epistémica", con el que habría sido posible explicar –y explicarse– la experiencia del injusto silenciamiento de sus voces en la historia de la filosofía. Si bien no nos es posible preguntarle a Rosa Krauze qué sintió al verse relegada a "*mera* fuente de información", podemos aventurar que quizá, de haber tenido a su alcance la noción de "injusticia epistémica", le habría sido posible expresar su disconformidad, exigir el debido crédito epistemológico por su aportación, demandar un trato equitativo.

Examinaré a continuación ejemplos concretos de estas tres formas de injusticia epistémica –déficit de credibilidad, estereotipado y silenciamiento– en la historia de la filosofía en México a través de diecisiete obras sobre el tema publicadas entre 1943 y 2018.

Revisión crítica-ética de la historia de la filosofía en México

En un plano quizá no tan 'agudo', pero sí más 'normalizado', específicamente en el caso de México, a pesar de la incorporación masiva de la mujer a la universidad a partir de los años sesenta, del Movimiento Estudiantil de 1968, de la lucha por la igualdad de salarios en la década de los ochenta, de la repercusión de la 'Tercera Ola' del Feminismo en 1990, de la irrupción 'revolucionaria' del Movimiento Zapatista de Liberación Nacional a partir de 1994, e incluso de la llegada de la llamada 'Cuarta Transformación' o 4T al gobierno en 2018, la práctica de la injusticia epistémica contra las mujeres en filosofía –y en general– apenas parece haber cambiado desde 1943. Si en algunas de las historias de la filosofía hay menciones casi simbólicas de algunas autoras, como ya señalé antes aun así sus obras no se estudian en los cursos académicos al interior de las universidades, ni existe la especialización (por ejemplo, en el posgrado) que permita un análisis sistemático de su aportación a la filosofía, ni se ha historiado su aporte. De hecho, en la máxima casa de estudios del país, la Universidad Nacional Autónoma de México, al año en que se redacta esta investigación (2020) ni siquiera existe un posgrado en 'Filosofía Mexicana', mucho menos hay estudios especializados de la obra de las 'Filósofas Mexicanas'.

La inequidad entre filósofos y filósofas en las historias de la filosofía en México se puede constatar en el listado cronológico que repasaremos líneas abajo. Aun cuando la que incluyo aquí no constituye una lista exhaustiva, sí es una muestra representativa de la historia de la filosofía en México a lo largo del periodo comprendido entre el siglo xx y comienzos del siglo xxi, desde la obra germinal de Ramos en 1943 hasta el ambicioso compendio de filosofía mexicana del siglo xx publicado por Gustavo Leyva a fines de 2018. Como se verá, las cifras desnudas delatan un sesgo de género –desfavorable hacia las mujeres– que se ha recogido y reproducido una y otra vez, al grado de que en dos de las historias que fueron compiladas por filósofas mujeres –significativamente, ninguna de ellas figura como autora– el sesgo también se hace presente.

Es oportuno formular dos advertencias. La primera, que a pesar de que algunas de las obras examinadas extienden su análisis a épocas previas a los siglos xx y xxi, esta investigación se circunscribe al periodo histórico específico comprendido por el siglo xx y los años iniciales del xxi, por lo que el examen que realizo de esas obras se circunscribe asimismo al periodo señalado. La segunda, que las obras examinadas fueron escritas en formatos diversos, lo que me ha obligado a examinar los datos con la correspondiente flexibilidad. Así, primero he recogido las cifras de filósofos y de filósofas mencionados individualmente en los índices de cada obra, después en la bibliografía –circunscrita, en lo posible, al periodo histórico relevante– y por último en otras secciones, como prólogo y/o bibliografía secundaria y/o índice onomástico. El objetivo específico ha sido determinar, con datos cuantificables, el número de autores masculinos y femeninos que se incluyó en las secciones de los libros relativas al siglo xx y comienzos del siglo xxi. Una observación adicional: en aquellos casos en los que se incluye a grupos como el Ateneo de la Juventud o el Hiperión, formados enteramente por miembros del sexo masculino, contabilicé el total de sus integrantes: cuatro en el caso del Ateneo (Pedro

Enríquez Ureña, José Vasconcelos, Alfonso Reyes y Antonio Caso) y ocho en el del Hiperión (Emilio Uranga, Jorge Portilla, Luis Villoro, Ricardo Guerra, Joaquín Sánchez McGregor, Salvador Reyes Nevárez, Fausto Vega y Leopoldo Zea), pero procuré no contar dos veces a quienes habían sido mencionados aparte de forma individual.

Finalmente, la ficha bibliográfica de los títulos que enlisto a continuación se encuentra en la sección de Bibliografía.

Historias de la filosofía en México (1943–2018)
Listado cronológico

La lista está construida de forma cronológica, pues consideré interesante verificar si el número de filósofas en estas obras aumentaría conforme se avanzara en el tiempo, lo que me parecía lógico esperar. Sin embargo, como se podrá confirmar, no hubo un incremento significativo de autoras en estos libros al paso de los años. He marcado las formas de injusticia epistémica que detecté en cada libro de la siguiente manera: (a) déficit de credibilidad, (b) uso de estereotipos y (c) cosificación mediante silenciamiento.

1. 1943: *Historia de la filosofía en México.* Autoría: Samuel Ramos. Secciones pertinentes a esta investigación: "La filosofía en el siglo xx", "La filosofía en la época contemporánea" y "La situación presente de la filosofía en México". De éstas, en el Índice General:
    – Número de filósofos incluidos: 10; de filósofas: 0.
    En la Bibliografía general (no diferenciada por épocas):
    – Número de filósofos/autores: 55; de filósofas/autoras: 1.[6]
    En el Índice de nombres (no diferenciado por épocas):
    – Número de filósofos/autores: 315; de filósofas/autoras: 0.
    Comentario: Injusticia epistémica tipo (a) déficit de credibilidad, (b) uso de estereotipos y (c): silenciamiento.

---

[6] La mujer que aparece en la Bibliografía general es Irma Wilson, de la que Ramos cita una obra no filosófica sino educativa: "*A Century of Educational Thought*" (Ramos 1943:167).

Como ya he observado, Ramos no incluyó una sola filósofa en el periodo histórico pertinente a esta investigación ni en ningún otro periodo incluido en la obra; es decir, niega crédito epistémico a la mujer como productora de filosofía (a), por lo que incurre en el estereotipo según el cual la filosofía es un campo de hombres (b), e ignora por completo, es decir, silencia las voces de las mujeres en filosofía (c).

2. 1952: *En torno a la filosofía mexicana.* Autoría: José Gaos. Para ceñir la investigación al periodo histórico que concierne a esta investigación, el conteo de nombres se realiza a partir del Capítulo II "La historia de la filosofía en México", desde el inciso 15 "Existencialismo avant la lettre" hasta "Conclusión y transición" (final del libro):
   – Sin Índice ni Bibliografía.
   En el cuerpo del texto (secciones antes señaladas):
   – Número de filósofos incluidos: 47; de filósofas: 5.[7]
   Comentario: Injusticia epistémica tipo (a) déficit de credibilidad, (b) uso de estereotipos y (c) silenciamiento.

Gaos menciona a casi cincuenta filósofos y a solo cinco filósofas, de las que destaca sus trabajos de tesis –todas ellas realizadas bajo la dirección del propio Gaos, que era su maestro– pero lo hace *exclusivamente* a pie de página (ver nota 48), esto es, relegándolas a una subsección del cuerpo de la obra, lo que les resta credibilidad epistémica (a). Por otra parte, es interesante enfatizar la diferencia de trato que Gaos da a mujeres y hombres: por ejemplo, se refiere a Vera Yamuni como 'señorita' (75) –no 'filósofa' o 'maestra'–, mientras que a Caso o a Vasconcelos los identifica como 'Maestros' (71), con mayúsculas, y a Platón lo califica de 'divino' (67). Hay aquí un uso del estereotipo (b) según el cual las grandes mentes filosóficas, las que merecen respeto,

---

[7] Las filósofas son: Victoria Junco (Gaos 1952:23n); Olga Victoria Quiroz-Martínez (Gaos 1952:23n); Carmen Rovira (Gaos 1952:23n); M. [Monelisa] Pérez Marchand (Gaos 1952:44n) y Vera Yamuni (Gaos 1952:75n).

pertenecen a hombres. Además, en el guardar silencio con respecto al otras filósofas, puede verificarse una injusticia epistémica del tipo (c).

3. **1954:** *Filosofía mexicana de nuestros días.* Autoría: José Gaos. Dividido en diecisiete secciones, el autor en ninguna de ellas incluye a alguna filósofa, en tanto que dedica once a seis filósofos individuales: Antonio Caso (cuatro secciones), Vasconcelos (una sección), Eduardo García Máynez (una sección), Zea (una sección), O'Gorman (dos secciones), Antonio Gómez Robledo (una sección), y Julio Jiménez Rueda (una sección). De esta forma, las menciones individuales son las siguientes:
    En el Índice:
    – Número de filósofos incluidos: 7; de filósofas: 0.
    En el Prólogo:
    – Número de filósofos/autores incluidos: 31;[8] de filósofas/autoras: 0.
    Sin Bibliografía.
    Comentario: Injusticia epistémica tipo (a) déficit de credibilidad, (b) uso de estereotipos y (c) silenciamiento.

Aun cuando en el texto Gaos sí cita a algunas filósofas mexicanas[9] y a la española María Zambrano, en el "Prólogo", que es donde expone quiénes son los "filósofos indiscutiblemente tales" (1954:8), no menciona a una sola mujer, lo que apunta al estereotipo según el cual la filosofía 'indiscutiblemente tal' es creación masculina (b). En esa misma parte Gaos nombra

---

[8] Los pensadores son: José Vasconcelos, Antonio Caso, Samuel Ramos, Adolfo Menéndez Samará, Oswaldo Robles, Alfonso Reyes, Justino Fernández, Edmundo O'Gorman, Gamarra, el "Ateneo de la Juventud" (tres de sus miembros ya fueron mencionados, falta incorporar en la lista a P. Enríquez Ureña), Eduardo García Máynez, Leopoldo Zea y el resto del "Hiperión" (siete miembros más), Antonio Gómez Robledo, Julio Jiménez Rueda, Menéndez Pelayo, Cervantes, Heliodoro, Azorín, Ezequiel Chávez, Adalberto García de Mendoza, José Romano Muñoz, Francisco Larroyo, Miguel Ángel Cevallos y Horacio Labastida.

[9] Las filósofas de las que hace mención son: Victoria Junco, Lina [Monelisa] Pérez Marchand, Vera Yamuni, Olga Victoria Quiroz-Martínez y Carmen Rovira. Además menciona a Adela Formoso de Obregón, directora de la Universidad Femenina, y a una Sra. Elizabeth Flower de Columbia University.

a treinta y un pensadores masculinos, con lo cual implícitamente incurre en un descrédito de género (a); al silenciar las voces de las filósofas, Gaos además comete una injusticia epistémica del tipo (c).

4. 1963: *Estudios de historia de la filosofía en México.* Autoría: Mario De la Cueva (Pról.). La entrada "Los filósofos mexicanos del siglo xx", escrita por Fernando Salmerón, no contiene índice, ni general ni onomástico, por lo que el conteo se ha efectuado con base en la lectura del texto y la bibliografía (de la sección específica).
En el cuerpo del texto:
 – Número de filósofos incluidos: 36;[10] de filósofas: 0.[11]
En la Bibliografía General:
 – Número de filósofos/autores incluidos: 29; de filósofas/autoras: 1.[12]
Comentario: Injusticia epistémica tipo (a) déficit de credibilidad y (c) silenciamiento.

Si bien este libro tuvo otras ediciones (2ª edición en 1973, 3ª edición en 1980 y 4ª edición en 1985), no hubo modificaciones en la cifra total de filósofas mencionadas desde la 1ª edición, excepto por la incorporación de la española María Zambrano en la sección "Los filósofos españoles 'transterrados'" de Ramón Xirau en la 4ª edición. Resulta interesante que, aun cuando De la Cueva identificó en las subsiguientes ediciones varias 'lagunas' temáticas de

---

[10] La lista completa de filósofos incluidos es la siguiente (se transcriben los nombres tal como aparecen en el texto): Pedro Henríquez Ureña, Comte, Spencer, Mill, Gabino Barreda, Juan Enrique Lagarrigue, Justo Sierra, Barreda, José Vasconcelos, Antonio Caso, Alfonso Reyes, Ezequiel Chávez, Macedo, Platón, Kant, James, Croce, Nietzsche, Shopenhauer, Bergson, Lombardo Toledano, Eduardo García Máynez, Plotino, Pitágoras, Schelling, Dewey, Decroly, Boutroux, Husserl, Scheler, Hartmann, Heidegger, Samuel Ramos, José Gaos, José Torres, Ortega y Gasset, Adler.

[11] Quizás valga la pena subrayar que en la sección correspondiente a "La filosofía moderna en la Nueva España" de R. Moreno desde la 1ª edición (1963) sí se incluye a Sor Juana Inés de la Cruz como filósofa y también que se cita una obra de Monelisa Lina Pérez Marchand, nacida en Puerto Rico pero que trabajó en México (173 y 177n de la 2ª edición).

[12] La filósofa es Rosa Krauze, por su texto *La filosofía de Antonio Caso,* aunque sólo se la menciona en una nota a pie de página (301n).

las primeras ediciones, ninguna de ellas refiere al feminismo filosófico, al género o la lucha por la igualdad de la mujer. El compilador ignoró por completo estos temas que ya estaban vigentes al momento de la primera edición y que habían sido tratados recurrentemente por filósofas como Paula Gómez Alonzo y Rosario Castellanos, quienes naturalmente debían ser harto conocidas por sus colegas masculinos, responsables de los contenidos del libro, ya que la Facultad de Filosofía y Letras era, en ese entonces, bastante pequeña. Hay, pues, injusticia en el hecho de no dar credibilidad epistémica a las filósofas (a) y en el de silenciar sus voces (c).

5. **1967: *Filosofía mexicana en sus hombres y en sus textos*.** 1ª edición.[13] Autoría: Antonio Ibargüengoitia. Los datos corresponden a las secciones que comprenden el periodo de esta investigación: la Cuarta Parte (1810-1910) y la Quinta Parte (1910-1960). Ahí se menciona individualmente:
   En el Índice:
   – Número de filósofos incluidos: 16; de filósofas: 0.
   Sin Bibliografía.
   Comentario: Injusticia epistémica tipo (a) déficit de credibilidad, (b) uso de estereotipos y (c) silenciamiento.

Escrito en 1967, al año de 2015 este libro había tenido ya numerosas ediciones, por lo que es legítimo afirmar que ha formado a varias generaciones. No hay ninguna mujer en las secciones que competen a esta investigación, e incluso, si extendemos la delimitación histórica, podemos ver que la única mujer que se menciona en toda la obra es Sor Juana Inés de la Cruz. En el uso exclusivo del masculino en el título mismo se manifiesta el estereotipo de que la filosofía es un asunto de hombres (b); la falta de credibilidad hacia las mujeres en filosofía (a) y el silenciamiento de sus voces (c) acusa a la obra de injusticia epistémica en sus tres formas.

---

[13] El libro ha tenido las subsiguientes ediciones: 2a ed.: 1972; 4a ed.: 1982; 5a ed. 1990; 6a ed. 1996; 7a ed.: 2000; 8a ed.: 2004; 9a ed.: 2015.

6. **1972:** *Historia de la filosofía en México.* Autoría: Francisco G. Díaz Lombardo. Se toma en consideración los Capítulos VII al XVIII, que corresponden al siglo xx.
   En el Índice:
   – Número de filósofos incluidos: 44; de filósofas: 0.
   Sin Bibliografía.
   Comentario: Injusticia epistémica tipo (a) déficit de credibilidad y (c) silenciamiento.

La cifra en el Índice incluye algunos filósofos que, si bien no nacieron en México, como Henríquez Ureña y los españoles "transterrados", en gran medida realizaron su trabajo filosófico en este país y por tanto son considerados miembros de nuestro acervo intelectual. El autor no reconoce la existencia de temas vinculados a la equidad de género, feminismo, o igualdad (a); además, hay un completo silencio respecto de la filosofía hecha por mujeres (c).

7. **1995:** *Suma filosófica mexicana.* (Resumen de Historia de la Filosofía en México). Autoría: Antonio Ibargüengoitia. Aunque la 1ª edición del libro fue publicada en 1980, tomaré en cuenta la 3ª. edición que se publicó en 1995, ya que en ésta incorporó a dos filósofas, Juliana González y Elsa Cross, aunque también hubo un aumento, bastante más significativo, en el número de autores masculinos, que pasó de 23 a 37. Tomaré en cuenta la Quinta parte, "El siglo xx" (Capítulos 1-6) de la edición de 1995 y la Bibliografía del libro en su conjunto, ya que no está dividida por secciones.
   En el Índice:
   – Número de filósofos incluidos: 37; de filósofas: 2.
   En la Bibliografía de la obra en su conjunto:
   – Número de filósofos/autores incluidos: 77; de filósofas/autoras: 0.
   Comentario: Injusticia epistémica tipo (a) déficit de credibilidad y (c) silenciamiento.

Debe notarse que esta obra llegó a tener una 5ª edición en 2006 (sin cambios a partir de la 3ª ed.). Saliendo de la delimitación histórica de esta investigación, es interesante notar que, aunque el libro hace un recorrido del concepto de filosofía desde los orígenes griegos hasta los filósofos mexicanos posteriores a Antonio Caso, no hay nada sobre feminismo, género o equidad (a). Ya dentro del periodo que compete a esta tesis, el autor no menciona que en 1979 se celebró el Coloquio Nacional de Filosofía en el que Graciela Hierro presentó una mesa sobre naturaleza femenina y, en el Capítulo 7, que consiste en un listado de "Centros de Cultivo de la Filosofía", no hay mención alguna de la Asociación Filosófica Feminista, fundada en 1978 por la misma Graciela Hierro, con lo que incurre en un silenciamiento total de esas voces reclamando equidad (c). El autor tampoco explica por qué a partir de la 3ª edición, incorporó a dos filósofas: Juliana González y Elsa Cross, pero dejó fuera a muchas otras, acaso sugiriendo que eran las únicas o al menos las únicas que valía la pena conocer, con lo cual desde luego incurre en un descrédito de todas las demás filósofas que sí había y que se hallaban produciendo obras, congresos y ponencias (a).

8. 1997: *Una aproximación a la Historia de las Ideas Filosóficas en México. Siglo xix y Principios del xx.* Autoría: Carmen Rovira (coord. intro. y notas). La obra está dividida en "Discursos" y no separa claramente los siglos xix y xx, pero a partir del "Discurso Lógico-Epistémico" se concentra más en autores del Siglo xx, por lo que he tomado en cuenta para el conteo los escritos comprendidos a partir de ese texto hasta el último incluido en el libro.
En los Índices:
– Número de filósofos incluidos: 32; de filósofas: 0.
En las Bibliografías:
– Número de filósofos/autores incluidos: 86; de filósofas/autoras: 3.[14]

---

[14]   Son: Ethel Duffy Turner, Margarita Vera y Cuspinera y Rosa Krauze de Kolteniuk.

Comentario: Injusticia epistémica tipo (b) uso de estereotipos y (c) silenciamiento.

La intención de los miembros del equipo de trabajo liderado por la Dra. Rovira fue la de cubrir la totalidad discursiva filosófica del periodo considerado, lo que, como señala uno de los prologuistas del libro, Horacio Cerutti, quizá haya resultado excesivamente ambicioso:

> (...) decir 'totalidad' es decir, obviamente demasiado [pues] requeriría incluir la discursividad de negros, indios, mujeres, lo producido en los ámbitos extraacadémicos e, incluso, extragráficos: esto último abriría el inexplorado − por la historia de la filosofía entre nosotros − ámbito de la oralidad. (Cerutti en Rovira, 1997:XIV-XV)

Ciertamente, aun cuando podría señalarse a Cerutti que, tal como lo expresa el título del libro, lo que pretende hacer es una "aproximación" a las ideas del periodo, es cierto que resulta un tanto desafortunado hallar en esta magna obra, tan abarcadora desde otro punto de vista, un silencio tan grande de las voces de mujeres en filosofía (c), lo que quizá acaso apunte a la noción de que la filosofía, durante ese periodo de tiempo, fue exclusivamente masculina (b), pese a que hay obras publicadas con anterioridad a 1997 que consignan la presencia de pensadoras en el caso específico del Siglo XIX, como *Cultura femenina novohispana* de Josefina Muriel (1982), que documenta un continuum ininterrumpido de autoras mexicanas desde la *Crónica mexicayótl*, ca. 1598, hasta 1835. También pudo haberse incluido un apartado bajo el rubro "Discurso Feminista" que incorporara, por ejemplo, a Laureana Wright de Kleinhans, autora nacida en Taxco (1846-1896), quien escribió extensamente sobre sufragio femenino, educación y situación social de las mujeres, y además fundó la revista *Violetas del Anáhuac*. De forma que hubiera resultado interesante que se incluyera al menos algunas mujeres en una antología como esta, que, en su 1ª edición de 1997, fue realizada por un equipo de nueve investigadores/as en el que cinco de sus integrantes eran mujeres.[15]

9. **2000: *Filósofos mexicanos del siglo xx.*** Autoría: Antonio Ibargüengoitia. En vez de Índice tiene una "Cronología por décadas", en la que hay filósofos nacidos en el siglo xix pero activos en el xx, por lo que en la cuenta he incluido las secciones a partir de "Nacidos en el siglo xix" hasta la "Sexta década" del siglo xx.
En la Cronología:
— Número de filósofos incluidos: 62; de filósofas: 9.[16]
Sin Bibliografía.
Comentario: Injusticia epistémica tipo (a) déficit de credibilidad y (c) silenciamiento.

Después de transcurridos sesenta y siete años de que una mujer escribiera la primera tesis de posgrado de la Facultad de Filosofía y Letras de la unam, finalmente, por primera vez, se incluye a su autora, Paula Gómez Alonzo, en una historia de la filosofía. Lo insólito es que el autor prácticamente se excusa por hacerlo: señala que no tuvo acceso a "datos biográficos" de la filósofa, que tuvo que realizar su perfil con base en inducciones a partir de su experiencia personal y que esto le permitió colegir que la filósofa "impartía clases de diversas materias" en la Facultad de Filosofía y finalmente termina señalando que tiene "entendido" que la filósofa obtuvo su maestría y doctorado en filosofía (pp.61-62). El autor no solo rebosa de ignorancia sobre Gómez Alonzo (además escribe, incorrectamente, 'Alonso'), sino que le da un trato condescendiente y denigrante, como si lo que pretendiera fuera restarle crédito epistémico a la autora de *La cultura femenina* (a), libro que por cierto, Ibargüengoitia no consigna en la bibliografía de la filósofa.

---

[15] Son: Xóchitl López, Carmen Rovira, Rosa Pérez de la Cruz, Rosa Krauze y Emma Aceves.

[16] Son Paula Gómez Alonzo, Emma Godoy, Juliana González, Luz García Alonso, Laura Benítez, Ma. Teresa de la Garza, Estela Sodi, Dulce Ma. Granja y Ana Ma. López.

Aparte de Gómez Alonzo, el autor menciona a Emma Godoy, Juliana González, Luz García Alonso, Laura Benítez Grobet, María Teresa de la Garza, Estela Sodi Campos, Dulce María Granja y Ana María López Fernández, aunque no ofrece ninguna explicación de por qué dejó fuera a las demás filósofas, lo que implícitamente sugiere que las que sí incluye eran las únicas o las únicas con valor para la filosofía, lo que, como ya he señalado anteriormente, no solo es una forma de desacreditar a las demás (a) sino de silenciarlas (c).

10. 2002: *Historia de la filosofía en México*. Autoría: José Manuel Villalpando Nava. Se toma en cuenta la Cuarta Parte, "La filosofía mexicana en el siglo xx".
En el Índice:
- Número de filósofos incluidos: 59; de filósofas: 8.[17]
En el Índice Onomástico de la obra en su conjunto:
- Número de filósofos/autores incluidos: 442; de filósofas/autoras: 17.
Sin Bibliografía.
Comentario: Injusticia epistémica tipo (a) déficit de credibilidad y (c) silenciamiento.

Nuevamente en este libro se incluye entradas individuales de filósofas y nuevamente los comentarios que las acompañan son escuetos y desinformados. Por ejemplo, sobre Paula Gómez Alonzo el autor escribe menos de diez líneas sin mencionar nunca *La cultura femenina*, y a Otila Boone, Ana Mass de Serrano y Celia Garduño les dedica no más de siete líneas respectivas. Por contraste, escribe más de tres páginas sobre un filósofo como Miguel Bueno, sin que medie ninguna explicación al respecto. Saliendo de los límites históricos específicos de esta investigación, en el Índice Onomástico

---

[17] Las filósofas son: Paula Gómez Alonzo, Otila Boone, Ana Mass de Serrano, Celia Garduño, María Zambrano, Juliana González, Laura Benítez y Emma Godoy.

de la obra en su conjunto incluye un total de diecisiete mujeres,[18] aunque seis de ellas solamente ocupan notas al pie de página:[19] entre éstas se cuenta Santa Teresa de la Cruz, a quien menciona únicamente en el marco de un comentario sobre el confesor de la religiosa, Jerónimo de Ripalda. De vuelta al marco historiográfico de esta tesis, un poco más extensos, aunque insuficientes, son los párrafos dedicados a Juliana González, Laura Benítez y Emma Godoy. El autor no explica los criterios para incluir solo a estas filósofas (y no a otras), con lo que, como en el caso de Ibargüengoitia, parece sugerir que son las únicas filósofas o las únicas cuya obra tiene valor filosófico. Desde luego, esto es un descrédito a las demás filósofas (a) y un silenciamiento de sus voces (c).

11. **2005: *Esbozo histórico de la filosofía mexicana (Siglo xx) y otros ensayos*.** Autoría: Gabriel Vargas. El libro está dividido en tres secciones: I. "Ensayos", II. "Reseñas de libros" y III. La batalla por Sophia [en el sentido de 'sabiduría']. Se hizo el conteo por mención específica de nombres:
En el Índice:
– Número de filósofos incluidos: 7; de filósofas: 0.
En la sección "Referencias":
– Número de filósofos/autores incluidos: 13; de filósofas/autoras: 2.
Sin Bibliografía.
Comentario: Injusticia epistémica tipo (a) déficit de credibilidad.

Si bien el autor menciona algunas filósofas en la sección "Esbozo histórico de la filosofía mexicana del siglo xx" (en las pp. 114-117), ninguna de ellas es incluida en el índice ni se discute su aportación de forma equivalente a la de los filósofos, lo que apunta a una forma –acaso "cortés", como

---

[18] Las filósofas adicionales son: Ma. Eunice Barrales, Jacqueline Covo, Ma. Francisca Mourier-Martínez, Santa Teresa de Jesús, Juana Inés de la Cruz, Isabel la Católica, Victoria Junco de Meyer, Ana Ma. E. López Fernández, y Carmen Rovira.

[19] Ma. Eunice Barrales, Victoria Junco, Santa Teresa de la Cruz, Carmen Rovira y Ma. Francisca Mourier-Martínez.

podría decir Fricker– de socavar el crédito epistémico de las filósofas (a). Por otra parte, lo mismo se puede decir en cuanto al cuadro "Cronología de la filosofía mexicana del siglo xx", que aparece al final del libro, pues el autor incluye ahí varias obras de filósofas en las fechas en que se fueron publicando a lo largo del siglo xx, así como algunos acontecimientos importantes en torno a la reflexión sobre las mujeres en filosofía y, sin embargo, hay un desequilibrio numérico importante tanto entre el número de filósofas y el de filósofos como en el de los acontecimientos vinculados respectivamente a mujeres y hombres, lo que implícitamente señala de nuevo hacia un déficit de credibilidad (a) hacia las filósofas y su producción filosófica.

12. 2008: ***Filosofía mexicana del siglo xx.*** Autoría: Mauricio Beuchot. En el Índice:
– Número de filósofos incluidos: 12;[20] de filósofas: 0.
Bibliografía: sin Bibliografía.
Comentario: Injusticia epistémica tipo (a) déficit de credibilidad y (c) silenciamiento.

Si bien el autor incluye la entrada "Filosofía feminista", dedicada casi enteramente a Graciela Hierro, no se le da crédito a otras autoras que contribuyeron al tema (a), pese a que la propia Hierro declaró que fue su maestra, Vera Yamuni, quien introdujo el feminismo filosófico en México.[21] Por otra parte, el autor menciona fugazmente en la misma sección a Rosario Castellanos

---

[20] Los filósofos nombrados individualmente son: Ezequiel A. Chávez, Antonio Caso, José Vasconcelos, Samuel Ramos, Juan Hernández Luna, José Gaos, Eduardo Nicol, Eduardo García Máynez, Leopoldo Zea, Abelardo Villegas, Antonio Gómez Robledo y Fernando Salmerón, pero la lista incluye al Ateneo de la Juventud, al Grupo Hiperión, el 'Orteguismo' y el 'marxismo', por lo que podría contarse como más.

[21] "Conozco a Vera Yamuni desde 1955, fui su discípula, siempre tuve el apoyo incondicional de Vera Yamuni para mi tesis doctoral. En realidad, yo empecé a ser feminista, y a tratar de que el feminismo entrara en la filosofía por Vera Yamuni. Siempre me dicen que fui yo quien trajo el feminismo a la filosofía. Pero yo podría decir que es Vera Yamuni la que trajo el feminismo a la filosofía en México. El feminismo no era tema filosófico, por eso empecé con el apoyo de Vera Yamuni, a plantear en el Congreso Nacional de Filosofía, la pregunta ¿Hay una naturaleza femenina? Juntas, organizamos muchas actividades para debatir en la unam, sobre el feminismo". Cita de Graciela Hierro en la entrada sobre Vera Yamuni en *Enciclopedia de la filosofía mexicana. Siglo xx*, p. 12: http://dcsh.izt.uam.mx/cen_doc/cefilibe/images/banners/enciclopedia/Diccionario/Autores/FilosofosMexicanos/Yamuni_Tabush_Vera.pdf

(y a la escritora chilena Gabriela Mistral), pero no incluye el examen de otras filósofas, feministas o no, lo que apunta a una forma de silenciamiento (c).

13. **2009:** *El pensamiento filosófico latinoamericano, del Caribe y "latino" [1300 – 2000].* Autoría: Enrique Dussel, Eduardo Mendieta, Carmen Bohórquez. El conteo se hace de la Cuarta Parte, Capítulo 12, "Filósofos de México":

   En el Índice General:

   – Número de filósofos incluidos: 20; número de filósofas: 2.[22]

   Aclaración: no se hará conteo debido a la extensión de la Bibliografía –casi cien páginas– y a que la mayoría de las referencias no se circunscriben al país ni al periodo histórico de esta investigación y por tanto no resultan pertinentes.

   Comentario: Injusticia epistémica tipo (b) uso de estereotipos y (c) silenciamiento.

Además de la inclusión en el capítulo "Filósofos y pensadores", en el Capítulo 9 de la Segunda Parte hay una sección bajo el título de "El Feminismo Filosófico", en el que se incluye a varias filósofas mexicanas del siglo XX, como Graciela Hierro y Eli Bartra, Rita Cetina Gutiérrez, Carmen Rovira, Margo Glantz, Vera Yamuni, Rosario Castellanos, Sara Elba Nuño, algunas "militantes zapatistas" (no se especifican sus nombres), las integrantes del grupo feminista La Revuelta[23] y María del Rayo Ramírez Fierro. Llama la atención, pues, que haya más filósofas mexicanas en esta sección que en la específica sobre filósofos mexicanos en el siglo XX, lo que apunta hacia una injusticia epistémica del tipo (b) pues refuerza otra forma del estereotipo de género, que reconoce la aportación de filósofas en los ámbitos puntuales de una corriente como el feminismo, pero las excluye de una filosofía 'sin adjetivos', lo que es otra forma de silenciamiento (c).

---

[22]   Las filósofas son Juliana González y Graciela Hierro.

[23]   Lucero González, Dominique Guillemet, María Brumm, Berta Hiriart y Ángeles Necoechea.

14. 2010: *Filósofos mexicanos del siglo xx.* Autoría: Mario Magallón Anaya. Se compone de seis capítulos respectivamente dedicados a un filósofo individual: Abraham Castellanos, Ezequiel A. Chávez, Antonio Caso, José Vasconcelos, Samuel Ramos, Leopoldo Zea. En el Índice:

– Número de filósofos incluidos: 6; de filósofas, 0.

En la sección Bibliografía:

– Número de filósofos/autores incluidos: 80; de filósofas/autoras, 8.[24]

Comentario: Injusticia epistémica tipo (a), (b) y (c): déficit de credibilidad, uso de estereotipos y silenciamiento.

El libro, enteramente dedicado a la obra de seis hombres en filosofía, evidencia un descrédito epistémico hacia las filósofas (a) y apunta a considerar la producción filosófica como básicamente masculina (b). En el texto hay algunas menciones fugaces de filósofas, pero no se incluye temas como la equidad de género o el feminismo como parte de la reflexión filosófica mexicana en el siglo xx (c).

15. 2013: *La filosofía en México en el siglo xx.* Apuntes de un participante. Autoría: Carlos Pereda. El libro está dividido en cuatro partes, en todas las cuales hay artículos dedicados a autores individuales. Así, la cifra es la siguiente:

En el Índice:

– Número de filósofos incluidos: 31;[25] de filósofas: 9.[26]

En la Bibliografía básica:

---

[24] Son Aurora Loyo, Aline Signoret, María del Carmen Rovira, Rosa Krause (sic), Aline Helg, Nancy Leys Stepan, Ma. De la Paz Hernández, y Liliana Weinberg.

[25] Los filósofos son los siguientes: A. Caso, J. Vasconcelos, S. Ramos, J. Gaos, A. Gómez Robledo, A. Sánchez Vázquez, L. Zea, F. Salmerón, A. Rossi, L. Villoro, J. Muguerza, C. Pereyra, U. Moulines, B. Echeverría, S. Gandler, M. Beuchot, L.X. López Farjeat, G.W.F. Hegel, D. Lizarazo, A. Velasco, O. Martiarena, G. Hurtado, G. Leyva, F. Nietzsche, K. Marx, E. Dussel, L.F. Lara, C. Lomnitz, J. Landa, O.E. Ornelas y C. Vaz Ferreira.

[26] Las filósofas son: M. Vera, M. Zambrano, J. González, O. Hansberg, P. Dieterlen, N. Rabotnikof, P. Rivero, L. Weinberg y F. Diab.

- Número de filósofos/autores incluidos: 171; de filósofas/autoras: 50.

En la Bibliografía complementaria:

- Número de filósofos/autores incluidos: 39; de filósofas/autoras: 2.

En el Índice onomástico:

- Número de filósofos/autores incluidos: 480; de filósofas/autoras: 51.

Comentario: Injusticia epistémica tipo (a), (b) y (c): déficit de credibilidad, uso de estereotipos y silenciamiento.

Sin duda esta es una de las obras aquí analizadas que hace mayor justicia a las mujeres en filosofía, lo que se refleja en el conteo numérico del Índice. Sin embargo, el autor en la "Introducción" señala que su libro *no* es una historia de la filosofía, sino apenas una muestra de aquellos temas de su interés y en los que él ha participado; cabe entonces la pregunta de si hubiera habido la misma proporción entre filósofos y filósofas. En este sentido, considero que este libro es representativo del estereotipo según el cual las mujeres filósofas no corresponden en una *historia* de la filosofía (b). Por otra parte, en el texto no hay ninguna reflexión sobre el fenómeno del feminismo, de la lucha por la igualdad de género o del silencio que la historia de la filosofía ha guardado en torno a la aportación de las mujeres (c), por lo que puede decirse que se le niega credibilidad a esta problemática relativa a las mujeres (a).

16. 2016: *Cien años de filosofía en Hispanoamérica (1910-2010).* Autoría: Margarita Valdés (comp.). El capítulo específico "La filosofía en México en el siglo xx", es de autoría de Guillermo Hurtado, que dividió su trabajo en nueve secciones. Abajo se ve la cifra total de autores en el Índice (no escrito) y después el conteo por secciones.

En el Índice (no escrito como tal):

- Número de filósofos incluidos: 5; de filósofas: 0.

En el cuerpo del texto:

- Número de filósofos incluidos: 181; de filósofas: 19,

En la Bibliografía citada:

- Número de filósofos/autores incluidos: 54; de filósofas/autoras: 8.

En la Bibliografía secundaria recomendada:

- Número de filósofos/autores incluidos: 20; de filósofas/autoras: 3.

Comentario: Injusticia epistémica tipo (a) déficit de credibilidad y (c) silenciamiento.

En el "Preámbulo", el autor señala que este texto fue concebido "como una herramienta [...] como si se tratara de un mapa [...] el proyecto de un canon]" (p. 92), pero al considerar la ratio de filósofos/filósofas (181/19) habría entonces que concluir que el canon propuesto surge con un importante descrédito epistémico respecto a las filósofas (a). Pese a que se incluye una sección sobre "Feminismo", en ésta únicamente se menciona a Graciela Hierro, con lo que se silencia las voces de todas las demás filósofas que han hecho aportaciones al tema, así como a filósofas no feministas (c).

17. **2018:** *La filosofía en México en el siglo xx.* Autoría: Gustavo Leyva. Por ser una obra tan extensa, se hará un conteo solamente del "Índice" y del "Índice onomástico", que resultan específicamente pertinentes a esta investigación, exceptuándose la Bibliografía. En el Índice:

    - Número de filósofos/autores incluidos: 15;[27] de filósofas/autoras: 1.[28]

    En el Índice onomástico:

    - Número de filósofos/autores incluidos: 1131; de filósofas/autoras: 85.

---

[27] Los filósofos son: el Ateneo de la Juventud (4), S. Ramos y el Grupo Hiperión (8), Octavio Paz, Luis Villoro (que estaba incluido en el Hiperión pero es mencionado de forma individual en otra sección) y Ramón Xirau.

[28] La filósofa incluida es la española María Zambrano.

Comentario: Injusticia epistémica tipo (a) déficit de credibilidad, (b) uso de estereotipos y (c) silenciamiento.

La única filósofa que incluye el autor en el Índice es la española María Zambrano, de forma que este libro comienza con un silenciamiento (c) y un descrédito (a) del aporte de todas las demás filósofas, y en particular de las mexicanas, a la filosofía *en México* durante el siglo xx. Por otra parte, en el único lugar en el que hay una reflexión sobre feminismo es en lo que el autor denomina "Tercer Excurso" en el que hace una reflexión de esta corriente como una manifestación de la filosofía política. La sección, como en otras obras previas, está dedicada casi enteramente a Graciela Hierro (se menciona además los nombres de Griselda Gutiérrez y María Pía Lara), lo que es otra forma de silenciamiento (c) de las demás filósofas del feminismo, como ya se ha observado en otras obras. Se agrega a esto que el autor sitúa el surgimiento del feminismo en México a partir del movimiento estudiantil de 1968. De acuerdo con Leyva, fue entonces que Graciela Hierro, "apartándose de la llamada Filosofía Analítica, intenta colocar su reflexión en el ámbito de la filosofía moral a la que ella considera como comprometida con los problemas que surgen en el ámbito de la vida cotidiana sin descuidar a la vez el rigor en el razonamiento y la argumentación" (Leyva, 2018:802). Pero esta afirmación lleva implícito un silenciamiento (c) y una forma de descrédito epistémico (a) de otras filósofas que, antes, después y junto a Hierro, han militado con rigor 'en el razonamiento y la argumentación' del feminismo filosófico, como Paula Gómez Alonzo, Eli Bartra y Marta Lamas,[29] por citar solo estas tres, a las que no menciona el autor del libro. Otro señalamiento que se puede hacer es que en las "Consideraciones finales", Leyva señala como una de las tareas pendientes de la academia el buscar una mayor inserción de mujeres en la "comunidad filosófica mexicana", en la que el predominio de hombres "incide en la relevancia que se le asigna (o no) a problemas relacionados con la perspectiva de género" (2018:830), de tal forma que funciona el entendido (b) que interpreta la discriminación como una consecuencia —en vez de una causa— de

---

[29]   Véase por ejemplo al respecto *Feminismo en México*, de Griselda Gutiérrez (2002).

la subrepresentación de mujeres en filosofía. Leyva pierde la oportunidad de identificar la falta de equidad como un problema de injusticia epistémica (Miranda Fricker no es mencionada en la obra), quizá precisamente debido a la normalización de la injusticia epistémica.

Capítulo 3

Conclusiones

En este recorrido crítico por diecisiete obras sobre la historia de la filosofía en México producidas entre 1943 y 2018, ha quedado establecido que todas ellas cometen al menos dos de los tipos de injusticia epistémica contra las filósofas que hemos postulado: cuando no se desacredita la aportación de las mujeres, se recurre al estereotipo según el cual son los hombres quienes han hecho (y hacen) filosofía de valor/trascendencia histórica y/o además silencian las voces de las filósofas y los temas específicamente relacionados con éstas. Estas formas de injusticia epistémica conducen a una distorsión de la realidad con base en un prejuicio de género que no ha hecho sino causar daño en ambos lados de nuestra autoconciencia histórica, afectando a la comunidad filosófica mexicana en su conjunto, que –como Greenleaf– ha sido burlada de una verdad a la que tiene derecho: silenciar, disminuir o sustraer la contribución de las mujeres son formas de invisibilizar su aportación, lo que nos da una versión incompleta, discriminatoria, parcial, sesgada y, por encima de todo lo demás, sencillamente *falsa* de nuestra historia filosófica.

En este punto, vale la pena detenerme brevemente en el hecho de que dos de las diecisiete historias de la filosofía antes comentadas fueron compilaciones realizadas por equipos bajo la dirección de mujeres: es el caso de *Una aproximación a la Historia de las Ideas Filosóficas en México. Siglo xix y Principios del xx*, de Carmen Rovira, y de *Cien años de filosofía en Hispanoamérica (1910-2010)*, que compiló Margarita Valdés. El hecho quizá resulte más llamativo en la primera de estas compilaciones, puesto que, como he señalado líneas atrás, el equipo de trabajo de la Dra. Rovira era mayoritariamente integrado por mujeres, en tanto que en la obra compilada por la Dra. Valdés solamente hay una colaboración realizada por otra mujer. ¿Cómo explicar estos silencios? La primera respuesta que se me viene a la mente tiene que ver con un estudio de Thompson, Adleberg, Sim y Nahmias (Thompson *et al.*, 2016) acerca de la razón por la cual las mujeres abandonan el campo de la filosofía en los Estados Unidos; en ese estudio, se señala que los individuos estereotipados a menudo reaccionan perpetuando los estereotipos. Pero sobre todo hay que tomar en cuenta que tanto Rovira como Valdés crecieron, en términos filosóficos además de cronológicos, en un ambiente en el que el criterio imperante era considerar lo masculino como universal. De hecho, esta forma de pensamiento ha sido tan usual que muchas veces ni siquiera existe una conciencia del hecho, por lo que tampoco puede hablarse de una decisión de someter a la voz femenina a la invisibilidad. Algo similar ocurre en otros ámbitos, como la estadística. Por ejemplo, la economista Caroline Criado Perez dice que el hecho discriminatorio en datos no necesariamente refleja una *intencionalidad* machista: "Es importante decir que la brecha de género en estadística generalmente no es maliciosa o siquiera deliberada"[1] (Criado Pérez, 2019:XII). Pero lo más importante es que esta "no-intencionalidad" expone una forma de "no-pensar" según la cual se concibe a la totalidad de la humanidad casi exclusivamente como masculina, por lo que, de hecho, "incluso en un mundo súper racional, cada vez más regido por súper computadoras súper imparciales, las mujeres aún son concebidas como *El segundo sexo* [del que hablaba Simone] De Beauvoir"[2] (Criado Pérez 2019:XV).

Ya he establecido el hecho de que es posible encontrar la huella de la injusticia epistémica contra las mujeres en las historias de la filosofía en México aquí reseñadas; ahora quisiera aventurar la reflexión en torno a la 'responsabilidad moral' que compete a sus autores/as.

---

[1] En inglés: *"One of the most important things to say about the gender data gap is that it is not generally malicious, or even deliberate"*. Traducción mía.

[2] En inglés: *"even in this super-rational world increasingly run by super-impartial supercomputers, women are still very much de Beauvoir's Second Sex"*. Traducción mía.

Calhoun argumentaría que no hay en ellos/as responsabilidad moral, pues los/as historiadores/as fueron condicionados/as socialmente a actuar: si bien los/as lectores/as tienen derecho a reprocharles moralmente por su acción, el reproche es independiente de la culpabilidad (Calhoun 1989:390). Es conveniente reprocharle a la persona su comportamiento incorrecto, porque no hacerlo constituye un mensaje implícito de aceptación a dicho comportamiento, lo cual no sería moralmente adecuado: el reproche tiene una utilidad social, como medida ejemplar.

Moody-Adams en cambio, puesto que rechaza la "tesis de la inhabilidad" argumentaría que sí son responsables: para ella, el contexto cultural no exonera de responsabilidad moral. Hay responsabilidad, y no señalarla es una forma de complicidad con la conducta incorrecta. Sin embargo, ya que no hay realmente nadie sin algún cargo moral en su cuenta, tampoco es adecuado poner el acento en la culpa sin ofrecer a cambio el perdón a la acción incorrecta: perdonar es expresión de que se comprende lo difícil que resulta actuar correctamente desde el punto de vista moral. Hay, sin embargo, un problema con su modelo del "moralista perdonador", y es que su implementación depende precisamente de seres cuya conciencia está "empañada por la negación y la ceguera respecto de su propia inclinación a la banalidad de hacer el mal".[3] Más razonable entonces (esto es, más justo, más útil, más eficiente), parecería confiar en la pura aplicación de la ley –que, por otra parte, contempla descargos y atenuantes que se acercan bastante al objetivo del "perdón moralista" pero no supone el riesgo de la "negación" en que incurren las personas sobre la propia fragilidad moral–.

Fricker, por su parte, propone una suerte de síntesis entre la posición de Calhoun y la de Moody-Adams, al aceptar el comportamiento moral de un/a agente como resultado de una mezcla de condicionamientos externos –sociales e históricos– e internos –psicológicos y culturales–. De esta manera, modera el énfasis que Calhoun pone sobre el condicionamiento social pero sin llegar al extremo de rechazar la tesis de la inhabilidad, como Moody-Adams. Fricker evita condenar a un/a agente porque toma en cuenta

---

[3]   Ver cita no. 21 del capítulo 1.

su contexto histórico-cultural, pero a la vez sostiene que existe la posibilidad de que ese/a agente pueda trascender su condicionamiento estructural. Si un/a agente falla en 'ir más allá', es 'razonable' experimentar una 'decepción' que funciona como una suerte de condena ('¿cortés?'). Es en esta forma que intenta salir del callejón moral al que llegan los argumentos tanto de Calhoun como de Moody-Adams.

Considero que la propuesta de Fricker resulta en un sentido más realista respecto de la responsabilidad moral que cabe asignar a un/a agente; sin embargo, también me genera algunas dudas. La primera tiene que ver con el concepto de "decepción ética y epistémica" (2017:173) y la segunda con el del "relativismo de la culpa" (2010).

El problema con la "decepción ética y epistémica", es que no parece en verdad nada "razonable" culpar a un/a agente por no cumplir con "nuestra" expectativa de que actúe de manera "excepcional". De hecho, de acuerdo a lo expuesto por la propia Fricker, lo verdaderamente "razonable" sería que, en obediencia de los códigos morales de su tiempo, la conducta de un/a agente no fuera sino "rutinaria". Esto se conecta con el asunto del relativismo de la culpa, que libera a un/a agente de responsabilidad moral con base en su "incapacidad" moral y epistémica para pensar más allá de su estructura mental (histórico-cultural). Fricker lo ilustra con el siguiente ejemplo: un director de escuela de "hace dos o tres décadas" estaría convencido de que, para educar a los alumnos de acuerdo a los criterios morales de su tiempo, es lícito utilizar golpes y acciones que hoy calificaríamos de "asalto, violencia, incluso abuso". De acuerdo a Fricker, no sería apropiado culparlo, pues el sujeto del caso solamente actuó de acuerdo a la moral rutinaria de su tiempo (Fricker 2010:166).[4]

Sin embargo, nuestra "socialización ética" no lo es todo: de acuerdo a Fricker, la "sensibilidad moral" de una persona se forma a partir de dos "corrientes de datos", que son la colectiva y la individual" (2017:141). El director de escuela entonces, incluso "hace dos o tres décadas", habría tenido a su alcance algo más que los conceptos morales de su tiempo (los mismos

---

[4]   En inglés: *"it would be inappropriate to blame him for what he did"*.

que pretendidamente justificarían sus excesos disciplinarios): habría tenido acceso a una *historia moral* –ya no digamos pedagógica y psicológica– que está lejos de ser unívoca en su recomendación de emplear *violencia* (en vez de, por ejemplo, *disciplina*) para educar a los niños. Como si esto no fuera suficiente, también habría tenido acceso a sus propios sentimientos de compasión y empatía, modelados, también, intelectualmente, por obras formativas y ejemplares, por ejemplo las de Immanuel Kant sobre el imperativo categórico y el concepto de dignidad humana, o el Nuevo Testamento, que expresamente prohíbe lastimar a los pequeños.[5] Todo esto podría –¿debería?– haber instado al director a reflexionar críticamente sobre su licencia para causar daño a otros seres, vulnerables e indefensos frente a él.

Lo que quiero resaltar con esto es que ninguna persona de ningún momento histórico tiene como única fuente de información y formación ética la cultura específica de su propia época histórica (y esto también va dirigido a Calhoun), sino que, en todos los tiempos, los seres humanos han tenido acceso a diversas fuentes de información, internas y externas, que permiten –más: *alientan*– una reflexión autocrítica de sus acciones, su cultura y sus valores. Y desde luego, la historicidad propia de la historia hace proyecciones desde el pasado y hacia el futuro: los seres humanos no están atados a su presente. Permítaseme rescatar ahora unas palabras de José Gaos:

> Cada sucesivo y presente tiene ojos relativamente nuevos y que en cuanto tales constituyen un punto de vista relativamente nuevo: de este punto de vista es correlativa una perspectiva asimismo relativamente nueva. Dentro de cada sucesivo presente se distinguen los individuos con sus ojos y puntos de vista relativamente distintos en cuanto ingredientes constitutivos de las distintas individualidades y con las perspectivas relativamente distintas en cuanto correlativas de tales ingredientes. Es más: en cuanto que los individuos son cambiantes con los sucesivos presentes de sus vidas, van cambiando con ellos sus puntos de vista y las correlativas perspectivas a lo largo de sus vidas (extremo de la historicidad). Lo visto

---

[5] Por ejemplo, Mateo 18:6, 18:10, 18:14, 25:40, 25:45 y Lucas 9:48.

en tan complejo "perspectivismo" no se reduce a lo presente, sino que se extiende a los respectivos pasado y futuro de cada sucesivo presente: así, cada sucesivo presente, cada individuo en sucesivos presentes de su vida ven *a su manera* los *respectivos* pasados y futuros. No hay, pues, sólo comprensión del presente por el pasado y del futuro por ambos, sino también del pasado por y en el presente y de ambos por el futuro previsto y querido por y en el presente. (Gaos 1952:84-85)

Más allá de cualquier reflexión sobre la influencia real del medio en la conducta de un/a agente y la presión de funcionar de acuerdo a la rutina moral de los tiempos, está el punto de que, como bien lo señala Moody-Adams, la misma adquisición del lenguaje le hace posible a una persona negarse a aceptar pasivamente cualquier afirmación de su cultura, lo que se manifiesta de forma expresa cada vez que, desde la primera infancia, una criatura humana aprende a decir *"No"*.

La relatividad de la culpa que se basa en la estructura moral de un/a agente entonces debe tomar en cuenta no sólo lo que éste/a aprende como "rutinario" en su propio tiempo, sino la información histórica disponible, su prospección al futuro y, sin lugar a duda, su íntimo sentido de bien y mal, que se guía por emociones primarias como la compasión, la vergüenza y la culpa. De esta manera, pensar críticamente −como enseñó hace más de doscientos años Kant y antes de él la tradición filosófica desde sus orígenes− no es un comportamiento "excepcional" para la especie humana, sino precisamente "rutinario". Y por eso, también, podemos concordar tanto con Moody-Adams como con Fricker en considerar que eximir a un/a agente de responsabilidad moral es una falta de respeto a su humanidad intrínseca. De esta forma, cuando Fricker exonera de responsabilidad a Greenleaf, ¿no está acaso "socavando su humanidad", de forma muy similar a como lo acusa a él de hacer con Marge? Resulta condescendiente exculparlo, aplicando a sus acciones una decepción "cortés", en vez de darles estatura moral demandando de él un comportamiento correcto.

Sugerencias para el cambio

Algunas dificultades de adjudicar responsabilidad moral a un/a agente surgen en parte porque muchas veces quien se erige en juez incurre en la misma conducta que condena y en parte por la dificultad de establecer la intencionalidad de un/a agente, ya que hay que recordar, con Calhoun, que "causar daño no equivale a ser responsable del daño" (Calhoun 1989:392). Pero por difícil que sea adjudicar responsabilidad moral a un/a agente, eso no significa que ese/a agente no haya cometido una injusticia epistémica, como ha ocurrido en el caso de las historias de la filosofía en México que se ha examinado aquí. Si aspiramos a corregir la injusticia epistémica, primero es indispensable aceptar que ocurre y luego comprender cómo ocurre.

Páginas atrás comenté que el estudio de Thompson (*et al.*) señala que las personas estereotipadas a menudo reaccionan cumpliendo con lo que se espera del estereotipo. Una forma de combatir el sesgo de género que la historia de la filosofía ha reproducido puede encontrarse en una situación análoga, como cuando José Gaos peleó contra el estereotipo que sostenía que no podía haber una verdadera filosofía mexicana. Gaos afirmó entonces que negar la existencia de la filosofía mexicana era cometer una injusticia, e hizo un llamado para reparar esto que sólo podría producirse "con el restablecimiento de la verdad en la medida en que éste es parte de la total obra reparadora: la conjunta de los filósofos e historiadores de la filosofía mexicanos" (Gaos 1952:87-88). La filosofía en México se haría a la par de la historia de la filosofía mexicana, y viceversa. Para Gaos, la verdad de la filosofía en México –y de toda filosofía, podríamos añadir– se encuentra en esa dialéctica espiral: se hace filosofía al andar y al andar se hace historia de la filosofía que hace filosofía que hace historia de la filosofía.

Pero como ya se ha visto, las historias de la filosofía en México fueron escritas con un sesgo de género, por lo que la filosofía que ha surgido de ellas ha reproducido ese sesgo. De manera que resulta indispensable hacer una crítica ética de las historias de la filosofía, pues de lo contrario el sesgo

–por costumbre, por tradición, por "rutina" o por prejuicio– se continuará reproduciendo. Seguir produciendo historia de la filosofía en México sin la distancia crítica ética propuesta es como subirse a un carrusel: aun cuando nos ponga en movimiento, en realidad no habremos avanzado hacia delante.

No puede discutirse que hay filosofía hecha por mujeres en México: la subrepresentación de autoras en nuestra historia de la filosofía resulta inexcusable al considerar sus obras y demás méritos académicos y profesionales. Pero si no están en los cursos que se imparten en la academia y tampoco en las historias de la filosofía en México, ¿cómo podremos romper el círculo de silencio?

Se puede buscar una respuesta estableciendo una analogía con la *Historia de la filosofía en México* de Samuel Ramos, para exponer un caso similar de injusticia epistémica hacia otro grupo subrepresentado. Ramos rechazaba que los pueblos indígenas hubieran aportado algo al desarrollo de la filosofía universal. En reacción a esa visión eurocéntrica, el filósofo Miguel León-Portilla publicó en 1959 su tesis doctoral intitulada *La filosofía náhuatl: estudiada en sus fuentes,* dando inicio a un movimiento de revalorización de nuestras raíces que mostró la importancia de incorporar la diversidad cultural a la historia de nuestro pensamiento. Pero es clave notar que tuvo que buscarla en *sus* fuentes, ya que no estaba presente en las fuentes tradicionales. De manera similar, a lo largo del siglo xx puede encontrarse una profusión de autoras que se volcaron a explorar el lugar de la mujer en la filosofía, buscando incorporar a nuestra realidad intelectual también la diversidad de género y, tal como en el caso de León-Portilla con el pensamiento indígena precortesiano, encontraron vacíos y lagunas epistémicos. Graciela Hierro, sintetizando la reflexión feminista de Rosario Castellanos, pregunta: ¿Cómo podemos nosotras, en tanto que mujeres, traducir nuestra experiencia en conocimiento...? (en Gutiérrez (coord.) 2002:37).

Una opción es utilizar –como lo señala el ya citado Horacio Cerutti– medios alternativos, extraacadémicos e incluso extragráficos, tales como testimonios orales, obras de arte, artículos periodísticos y entrevistas, que ayuden a complementar y enriquecer la escasa información que sí se encuentra en fuentes tradicionales. Un ejemplo, aunque desde luego no el único, de esas aproximaciones no ortodoxas es el libro de entrevistas *Las filósofas tienen la palabra* que publiqué en Siglo XXI Editores en marzo de 2020.[6]

Decíamos antes que los casos de David Irving y Paul Edwards muestran que incluso en los más prestigiosos historiadores un sesgo en su perspectiva puede interferir con su análisis (pretendidamente) objetivo de los hechos. Claro que, aunque es improbable, no es imposible que la subrepresentación de filósofas en las historias de la filosofía en México sea producto de una ignorancia no culpable, esto es, de un involuntario acto de desconocimiento de la aportación de las mujeres en filosofía. Pero, de nuevo: haya sido deliberada o no, la cuestión de la responsabilidad moral no interfiere con la realidad de que esa injusticia epistémica fue producida: independientemente de la *intención* de los historiadores, *es un hecho objetivo que en sus libros han invisibilizado a las filósofas.*

Se ha argumentado que la conducta moral de un/a agente es resultado de factores externos (histórico-sociales) y también internos (conciencia crítica o pasiva del acondicionamiento moral que se hereda). Quizá el silenciamiento de mujeres en filosofía ha obedecido, más que otra cosa, a una costumbre. Pero aquí hemos rechazado tanto el 'moralismo perdonador' de Moody-Adams como la tesis de la 'ignorancia moral' de Calhoun y el 'relativismo de la culpa' con base en la certeza —de la que Fricker misma nos ha convencido— de que asignar a un/a agente responsabilidad moral por sus acciones es una señal de respeto por su *humanidad* misma. La crítica ética de las historias de la filosofía en México que he llevado a cabo aquí, no puede concluir sino que las obras examinadas no cumplen con su misión de dar una interpretación objetiva y fidedigna de los hechos del pasado. Es decir, son historias impostoras.

Esas historias de la filosofía —y la academia, que las continúa empleando como material curricular— niegan a las filósofas excluidas lo que Fricker denomina la *capacidad esencial* del ser humano: ser consideradas transmisoras válidas de conocimiento, reconocidas como interlocutoras epistémicas por

---

[6]   Del Río, Fanny. *Las filósofas tienen la palabra*. Siglo XXI Editores, México, 2020.

derecho propio, ante sí mismas y ante los demás, y además contar con los conceptos adecuados para dar sentido epistémico a sus experiencias.

Como resultado, hoy tenemos en la comunidad filosófica de México una visión parcial —más: *falsa*— de nuestra historia del pensamiento y las ideas.

En su libro Fricker argumenta que es posible tomar medidas para corregir la injusticia epistémica, pues también es posible llegar a la virtud epistémica. Esto puede lograrse si frente a su "socialización ética" cada individuo hace una toma de conciencia crítica que le permita conducirse de acuerdo a su "responsabilidad ética" (Fricker 2017:141), como escuchar a sus interlocutores sin la interferencia de sesgos irracionales. En ese mismo sentido, hay algunas medidas prácticas que podrían contribuir a corregir la injusticia epistémica de la historia de la filosofía en México contra las mujeres.

Por ejemplo, las autoridades universitarias tienen la potestad de realizar cambios a sus planes de estudio.[7] Para ello, deben elaborar un diagnóstico de las necesidades sociales del programa propuesto y de su viabilidad y después justificar la congruencia de dicha modificación en base al impacto que se prevé habrá de generarse con la misma. Desde luego, cada universidad debe vigilar que la modificación propuesta se ajuste a su misión institucional, por lo que no hay fórmulas únicas. Pero en base al mero respeto a la diversidad, parece una estrategia idónea para enriquecer a la comunidad universitaria llevar a cabo una reparación del daño infligido a la mujer en base a prejuicios de género en el pasado mediante una modificación de los planes de estudio para incluir cursos específicos donde (a) se estudie sus aportaciones en las diversas disciplinas, (b) se proporcione herramientas para combatir el sesgo – a fin de garantizar que no vuelva a caerse en prácticas discriminatorias del pasado.

---

[7] En el caso de la UNAM, el Reglamento General de Estudios Universitarios establece en el Cap. X, Art. 37: "Los consejos técnicos de las entidades académicas son las autoridades colegiadas que aprueban, en primera instancia, la creación y modificación de los estudios de licenciatura de conformidad con lo que establecen el Estatuto General y demás ordenamientos relacionados con los estudios que ofrece la Universidad. En el caso de institutos y centros de investigación, se requiere, además, la opinión favorable de los consejos internos". Se puede consultar online en: https://consejo.unam.mx/static/documents/reglamentos/reglamento_general_de_estudios_universitarios.pdf

Mientras tanto, maestros y maestras pueden adoptar una postura crítica –y con una perspectiva de género– frente a las historias de la filosofía existentes, complementándolas –llenando las 'lagunas' epistémicas– con el estudio de obras de filósofas y utilizando marcos teóricos que incluyan herramientas metodológicas con las cuales hacer un análisis que examine la subrepresentación de mujeres en filosofía.

Los y las estudiantes de filosofía, por su parte, deben también tomar la iniciativa y pedir que en sus cursos, sobre todo los de historia, los/las docentes incluyan filósofas. Además, deben ser proactivos/as a la hora de elegir, como tema de investigación de trabajos semestrales, finales, o de graduación, la obra de mujeres filósofas.

Los autores y las autoras de las historias aquí examinadas, al menos quienes aún están en condiciones de hacerlo, pueden realizar una revisión crítica de sus libros, examinándolos a la luz del concepto de 'injusticia epistémica', y, cuando resulte oportuno, realizar una edición 'revisitada', a fin de subsanar la injusticia epistémica y contribuir a enriquecer nuestra historia de la filosofía y –como quería Gaos– nuestra filosofía misma, con una visión más auténtica de lo que verdaderamente somos.

Estos cambios, como bien señala Fricker, deben surgir desde la postura crítica de cada persona, pero en esa medida podremos luego contribuir a lograr una hermenéutica del conocimiento "más racional y más justa".

Antony, Louise. "Different Voices or Perfect Storm: Why Are There So Few Women in Philosophy?" en *Journal of Social Philosophy* Vol. 43 No. 3, Fall 2012, 227–255, E.U. 2012.

Beuchot, Mauricio. *Filosofía mexicana del siglo xx*. Editorial Torres Asociados, México 2008.

Borchert, Donald M. (Editor). *The Encyclopedia of Philosophy*, 2nd ed. Macmillan Reference, E.U. 2005.

Buckwalter, Wesley & Stich, Stephen. Gender and Philosophical Intuition. (Septiembre 26, 2010). Version digital en *SSRN* eLibrary: https://ssrn.com/abstract=1683066 o http://dx.doi.org/10.2139/ssrn.1683066.

Calhoun, Cheshire. "Responsibility and Reproach", *Ethics*, Vol. 99, No. 2 (Jan., 1989), pp. 389-406. The University of Chicago Press, E.U. 1989.

Castellanos, Rosario. *"Sobre cultura femenina"* en Revista *Antológica América*, México 1950.

__________, *Balún Canán*. FCE, Col. Letras Mexicanas Vol. 36. México 1957.

De la Cueva, Mario (Editor). *Estudios de historia de la filosofía en México*. UNAM, México 1963.

Del Río, Fanny. *Las filósofas tienen la palabra*. Siglo XXI Editores, México 2020.

Díaz Lombardo, Francisco G.. *Historia de la filosofía en México*. Ed. José M. Cajica Jr., S.A. México 1972.

Dussel, Enrique, Mendieta, Eduardo, Bohórquez, Carmen (Editores). *El pensamiento filosófico latinoamericano, del Caribe y "latino" [1300-2000]*. Siglo XXI Editores, México 2009.

Edwards, Paul (Editor). *The Encyclopedia of Philosophy*. Collier Macmillan, N.Y. 1967.

Fricker, Miranda. *Injusticia epistémica*. Herder Editorial, S.L. Barcelona 2017.

Fricker, Miranda & Brady, Michael. "The Relativism of Blame and William's Relativism of Distance". *Proceedings of the Aristotelian Society*, 84: 151-77. U.K. 2010.

Gaos, José. (1952). *En torno de la filosofía mexicana*. (S. Porrúa y Obregón, Ed.) México.

__________, *Filosofía mexicana de nuestros días*. Imprenta Universitaria, México 1954.

__________, "La mujer en la historia", en *Obras Completas*, Tomo XVI. UNAM, México 2000.

García Morente, Manuel. (1929). "El espíritu filosófico y la feminidad" en *Revista de Occidente*, Tomo XXIII, pp. 291-292, Madrid, 1929.

Gilligan, Carol. *In a Different Voice*. Harvard University, E.U. 1984.

Gómez Alonzo, Paula. *La cultura femenina*. México 1933. Se puede consultar en Dirección General de Bibliotecas, Tesis Digitales UNAM.

__________, *Filosofía de la Historia y Ética*. Editorial Heráclito, México1955.

__________, *La ética en el siglo xx*. UNAM, México 1958.

Gutiérrez, Griselda (coord.) *Feminismo en México*. UNAM PUEG, México 2002.

Hierro, Graciela. "Paula Gómez Alonzo" en *Setenta años de la Facultad de Filosofía y Letras*. UNAM, México 1994.

Hurtado, Guillermo. *La Revolución creadora. Antonio Caso y José Vanconcelos en la Revolución mexicana* (Vol. Cap.2). UNAM, México 2016.

Ibargüengoitia, Antonio. *Filosofía mexicana en sus hombres y en sus textos*. Editorial Porrúa, México 1967.

__________, *Suma filosófica mexicana*. Editorial Porrúa, México 1980.

__________, *Filósofos mexicanos del siglo xx*. Editorial Porrúa, México 2000.

Junco, Victoria. *Algunas aportaciones al estudio de Gamarra o el eclecticismo en México*. UNAM, México 1944.

Krauze, Rosa. *La filosofía de Antonio Caso*. UNAM, México 1961.

León-Portilla, Miguel. L*a filosofía náhuatl: estudiada en sus fuentes*. UNAM, México 1959.

Leyva, Gustavo. *La filosofía en México en el siglo xx*. FCE, SC, México 2018.

Lopez McAlister, Linda. "Some Remarks on Exploring The History of Women in Philosophy" en revista *Hypatia*, Vol. 4, No. 1, E.U. 1989.

Magallón Anaya, Mario. *Filósofos mexicanos del siglo XX*. CIALC-UNAM, México 2010.

Moody-Adams, Michelle M. "Responsibility and Affected Ignorance", en *Ethics*, Vol. 104, No. 2, pp. 291-309. The University of Chicago Press Ed., E.U. 1994.

Mosqueda, Sofía. "Sobre el consentimiento y la distribución desigual del placer", en revista *NEXOS*. México febrero 27, 2018.

Muriel, Josefina. *Cultura femenina novohispana*. UNAM, México 1982.

Navarro, Bernabé. "La historización de nuestra filosofía", en *Revista de la Facultad de Filosofía y Letras*, Vol. 36, UNAM, México1949.

Pereda, Carlos. *La filosofía en México en el siglo xx*. Apuntes de un participante. CONACULTA, México 2013.

Pérez-Marchand, Monelisa Lina. *Dos etapas ideológicas del siglo xviii*. El Colegio de México, México 1945.

Quiroz-Martínez, Olga Victoria. *La introducción de la filosofía moderna en España. El eclecticismo español en los siglos xvii y xviii*. El Colegio de México, México 1949.

Ramos, Samuel. *Historia de la filosofía en México*. Imprenta Universitaria, Mexico 1943.

Roldán, Concha. "Una '(in)cultura única' de invisibilización de las mujeres en la Ciencia y la Filosofía", en Revista *RIECS*, Vol. 3, No. 2. España, noviembre 2018.

Rovira, Carmen. *Una aproximación a la Historia de las Ideas Filosóficas en México. Siglo xix y Principios del xx*. 1a. ed. UNAM, Universidad Autónoma de Querétaro, Universidad de Guanajuato, Universidad Autónoma de Madrid, México 1997.

__________, *Eclécticos Portugueses del Siglo xviii y Algunas de sus Influencias en América: México, Ecuador y Cuba*. El Colegio de México, México 1958.

Thompson, Morgan, Adleberg, Toni, Sims, Sam & Nahmias, Eddy. "Why do Women Leave Philosophy? Surveying Students at the Introductory Level" en *Philosopher's Imprint*, Vol. 16, No. 6, pp. 1-36. Michigan Publishing, University of Michigan, E.U. 2016.

Tuana, Nancy (Editora). *Re-reading the Canon*. Penn State University Press, E.U.

Valdés, Margarita. *Cien años de filosofía en Hispanoamérica (1910-2010)*. FCE, UNAM, IIF, México 2016.

Vargas, Gabriel. *Esbozo de la filosofía mexicana (Siglo xx) y otros ensayos*. Conarte, Nuevo León, México 2005.

Villalpando Nava, José Manuel. *Historia de la filosofía en México*. Editorial Porrúa, México 2002.

Waithe, Mary Ellen. *A History of Women Philosophers*. Springer, E.U. 1987.

Yamuni, Vera. *Conceptos e imágenes en pensadores de lengua española*. El Colegio de México, México 1951.

*Hacia una crítica ética
de la historia de la filosofía en México
desde una perspectiva de género*
se imprimió en la Ciudad de México,
el 1° de marzo de 2022,
santo de san Félix III, Papa,
en Litográfica Ingramex S. A. de C. V.
Centeno 162-1, Granjas Esmeralda, Iztapalapa,
C. P. 09810, Ciudad de México, México